藍色的心

誰挑動我的靈魂

盛噶仁波切 Singa（吉祥）——著

自序

這個世界是一個大染缸，城市裡的誘惑多得讓人目不暇接，裡面充滿了金錢、名利、欲望，充滿了貪、嗔、癡，它吸引著人類脆弱的靈魂，當我們脆弱的心被污染後，我們的慈悲、我們的淳樸、我們的寧靜、我們的善良都會被蒙蔽，那我們要怎麼去愛自己和身邊的人呢？而在我們的生活中，不論愛情，年紀，美麗……一切都會消失，轉眼間又是千年後，我們一直都在輪迴之中，誰也逃不了生命的自然規律，所以，最終我們又能夠留住的是什麼？

有人於鬧市中求靜讀聖賢書，荷花自淤泥中成長盛開。而我，在城市的染缸中，不但要保持自身的清靜，還要影響身邊的人，明白潔身自好、保持清淨心的重要。

這麼多年來，我穿梭於各大城市之中，看到和接觸到的誘惑也很多，能夠有勇氣、始終地潔身自好到今天，我想，這和我的信仰有很大的關係。而每天寫日記的習慣，也幫助我思考現在、過去和未來。

在這本書中，是摘選自十幾年累積的日記片段，有我對眾生種種的回應、眾人對佛法的疑惑、大千世界的思索以及回到我年少時光的原點，這些日記篇章記述了我的成長點滴，也留下了我在佛法精進上的軌跡。

每當我翻閱這些日記時，不僅僅看到自己的向佛之心的歷程，也是參禪領悟的喜樂之旅。這些觸動了我的靈魂的思緒，也匯集成了一種新的人生思考，讀者將能在其中得到人生的啟示和助益！

記住！每當前進的過程中遇到挫折和障礙，不要退卻，只要保有你心裡的那份堅強，沒有過不去的關卡，也沒有翻不過的山。度過了這些人生中的苦難，你所看到的天空一定會比以往更加明朗，你的心也一定會比以往感受得到更多的光明和安樂！無論什麼時候，都不要氣餒。你看，天都亮了，你還在等什麼？

盛噶仁波切（吉祥）

二〇〇七年三月二十二日

目錄 contents

PART.1 眾生

PART.2 佛法

PART.3 思緒

目錄 contents

PART. 1 眾生

世界上最難戒的是心癮

聽人說，X君又被送進了毒癮的勒戒所。心有些疼。

他本來是個相當不錯的小夥子，很有朝氣、活力，是那種一看就是陽光四射的熱情男孩兒。不過，不幸的是，他染上了毒癮。只是很偶然地，他喝了一杯『摻料』的可樂，沒有任何不適、頭暈或噁心，便直接跟著毒性一路地往上飄、上飄，一直到了興奮的頂端，然後便是沈睡。醒來以後，他嘗試了市場上能夠買到的各種可樂，可是，沒有一種可樂能再帶給他那種可以飄向頂端的感覺。

後來，他終於知道，那次他喝的可樂是加了『料』的，只是一點點，卻讓他興奮了一晚……

他猶豫了，他知道那不是好東西，是碰不得的魔鬼。可是，他懷念那種感覺：興奮的、飄飄欲仙的。

他心裡癢癢的，為了那魔鬼般的可以帶來快感的東西。終於，他還是邁出了那一步，因為心裡的那種煎熬幾乎讓他難過得做不成任何事。他想，只要一次，再過一次癮就好。可是，癮卻總是越來越頻繁地催促著他，讓他不得不一次又一次地向毒、向魔低頭，在一次又一次理智與心癮的交鋒中狼狽地敗下陣來。

他曾經很認真很認真地對我說：『我真的很想很想再做回我自己，那原來的、陽光的自己。可是，我也許永遠也回不去了！』話語的重點似乎總是在『可是』、『但是』之後，我覺得自己心裡的沈重應該不比他的輕。

我勸他去勒戒所，把毒癮戒掉。

他遵從了我的意見，並且真的把毒癮戒掉了。然而，他終究還是又犯了。而這一次，他是被強制送進勒戒所的。

他媽媽去勒戒所看他，結果是一路哭著回來。她告訴我，X君有一句話捎給我。他說：『心癮難戒。』

那一瞬間，我似乎明白了他吸毒、戒毒、再吸的所有原因，還看到了他那在心癮之下，不得不低下的高貴的頭和自尊。

從今晚起，我要把自己打坐的時間增加一倍，為他，也為天下眾生，都能學會用佛的智慧戰勝那難戒的心癮以及心魔。

因爲我懂得拒絕

『城市裡的誘惑真是太多了！』

當他坐在我對面侃侃而談幾日來在這城市遊蕩的感受時，就用了這樣的開頭語。

我知道他說的是對的，城市裡的誘惑多得讓人目不暇給。

而我，目前就是生活在這滿地都是誘惑的城市當中。

不過，城市中的誘惑表面看起來是相當漂亮的，帶著誘人的氣息，絕不像怪物般張著血盆大口，等著吞掉一切。然而，實際上，當你在城市的誘惑中一點點被腐蝕和墮落下去的時候，回頭看那些致命的誘惑時，才明白，一切誘惑都是糖衣炮彈，你迷惑時，誘惑如同裹著糖衣的半裸美女，引誘你一步一步陷落下去；你陷入這種誘惑後，才發現糖衣吃盡，都是苦楚。

所以，我在城市中生活、歷練。

有人於鬧市中求靜讀聖賢書，而荷花自淤泥中成長盛開。而我，在城市的染缸中，不但要保持自身的清淨，還要影響身邊的人，明白潔身自好、保持清淨心的重要。

其實，面對城市中的種種誘惑，心裡難免有波動。比如這幾天天熱得像起火一樣，讓人忍不住想要尋找有冷氣的地方，或是喝些冰涼解渴的水，或是吃點涼爽的東西降降溫。但我知道，這些都是誘惑而已，一旦沾上了就很難捨掉，但如果不沾，也不會怎麼樣的。再熱的時候洗把臉就好，再受不了的話沖個涼水澡，就好了。

再比如城市中慣有的燈紅酒綠，那些夜幕中的霓虹燈總是閃爍著曖昧的眼神，而我看到那些出入其中酩酊大醉的人時，老有一種羊入虎口的感覺。或許這只是我個人的一種猜測，帶有濃厚的個人主觀色彩，但是，我很清楚，生活本來可以不是這樣的。就像我的那位朋友，於城市中行走，卻能不沾一絲市儈。

有時候，看見穿梭於人群中的女孩，明明臉上還帶著天真的神采，可是言語中卻滿是風塵味。聽說，很多人選擇在大城市中墮落，因為抗拒不了那些享受和誘惑。

我從沒有看不起這樣的人，他們只是選擇了一條自以為的坦途，實際卻是荊棘密佈的山間小路而已。如果他們明白了、悔悟了，無論什麼時候，他們都可以回頭，重新走上真正的坦途。

做人不易，總要學會拒絕各種各樣的誘惑。首先，學會拒絕就是挺難的一件事，更何況要拒絕的是誘惑呢？

這麼多年來，我穿梭於各大城市之中，看到和接觸到的誘惑也很多，能夠有勇氣、始終地潔身自好到今天，我想，這和我的信仰有很大的關係。否則，那我是否也會同其他人一樣，混跡於各種娛樂場所、出入於燈紅酒綠，品嘗各種紙醉金迷？如果真是如此，我會不會身在其中而不明所以呢？會不會讓明眼人看著倍覺心痛？

幸好不是。

幸好我還是我自己。

幸好我還是堅定著自己的信仰。

幸好我還在追求幸福的路上不斷前行。

因為，我懂得拒絕，拒絕一切有毒的誘惑，不論這誘惑來自於哪裡。

保留一顆純淨的童心

他很年輕，二十歲出頭，剛從學校畢業，應該還是帶著年輕人的幻想和衝動的年紀，看起來除了多少還有些學生氣外，卻是一副少年老成的樣子，但同時又不失為一個懂事的孩子，頗惹人喜愛。

我們第一次見面時並沒有說太多話，只是禮貌性地認識了一下。後來才慢慢熟悉起來，他會在下班後給我發個簡訊，然後我們用簡訊聊幾句，他說，每次發過簡訊後，心裡會莫名地安靜下來，彷彿這樣才是對自己一天工作的一種交代。

那天就突然聊到了年齡的問題。他在簡訊上發過來一個『：D』，以前他曾告訴過我，『：D』和『：）』都代表笑臉的意思，而『：D』則是大笑，笑得前仰後合了。他大笑著說自己屬於那種心理年齡比較成熟的人，因此他身邊的一些朋友都是年齡比他大的人。但並不是年齡大就會是他的朋友，必須是那種年齡大懂得多，同時還得有個年輕的心態的人才行。我問，為什麼要有年輕的心態呢？他於是大笑，畢竟我還是年輕人嘛，心態那麼老還怎麼做朋友？豈不等於給自己又多找了一個老爸級的人物了！

想想他說得也對。

好的心態的確很重要。有個年輕的心態則是不易的。畢竟要經歷那麼多事，不把經歷過的風霜表現在臉上，也不讓自己的心結痂，無論世事如何變化，始終讓自己保持一種年輕的心態，保有一顆樂觀和純淨的童心，這就需要很深的功力了，而且絕對需要一種堅強和堅持的毅力，否則很難做到。

人心的複雜讓這個社會中的人際關係也變得比較複雜，很多人在這樣的人與人的交往中觸礁，於是疾呼『人心叵測』。但也有人在這樣的環境裡如魚得水，不但遊刃有餘，更是把整人之事玩弄於股掌之間。有人說，人心不古，這個社會的人心壞了，別的再好也沒用；也有人說，社會要前進，總要有犧牲，這是前進必須的一種動力。

我不想對這樣的說法做什麼評論，我只希望人們能夠做到潔身自好，自己首先要求自己做到有一顆善良的心，保有一顆純淨的童心，無論遇到什麼事，都能夠在艱難的情況下，做自己想成為的人，做自己希望成就的事，按自己渴望擁有的心態一直生活。

古有『出淤泥而不染，濯清蓮而不妖』，今天我們只不過是在一個大環境下成就自己的小環境而已，難，但不是不可能。

童心，未經世事污染，即使經歷塵事，也是纖塵不染的純淨。

每個人心裡都有慈愛心和慈悲心，不要讓世事和經歷過的挫折、困難掩蓋了內心原本的純淨。

這個年輕人雖然初入社會，但卻早對社會中的種種有所耳聞，也正因此，他才會如此要求自己的朋友。或許，很多人都有著類似的想法和要求吧？

那麼，為什麼不從自己做起？

於是我告訴他：『己所不欲，勿施於人。希望無論世事如何，你都要讓自己保留一顆純淨的童心。』

英雄的化身

聽說最近又要重新推出蝙蝠俠的新電影。

最初蝙蝠俠的原形來自於漫畫，在被改編和拍攝成電影之後，曾轟動一時，但後來票房遭遇了滑鐵盧般的慘敗，於是電影公司只好冷凍這位化身為蝙蝠形象的英雄，等待一個新的時機再讓英雄復出。前兩年又出現了一個代表正義的英雄——蜘蛛人，在影迷的心中所引起的震撼，讓電影公司再度看到了蝙蝠俠以新的形象再次出現在銀幕上的機會。

我也看到了宣傳蝙蝠俠的大幅海報，蝙蝠巨大的翼翅幾乎占去了海報一半的空間，濃重的暗黑色彩襯托著蝙蝠俠，他如同黑色的精靈正展開巨大的翼翅，悄無聲息地在城市上空飛翔……

其實我並不知道蝙蝠俠的劇情，甚至也不想去了解蝙蝠俠在『俠』字背後可能忍受的辛酸和痛苦，或是他作為『俠』在人間所要彰顯的正義。我只是在想，無論英雄是戴上了面具、套上了翅膀，或是穿上了具有超能量的神奇外套，英雄的所作所為總會讓人們立即發現他是個可以拯救人類、帶領人類步出危機或危難的英雄。

小時候，我很喜歡那個伸出手臂就能在天空中自由自在飛翔的超人，他總會在人類發生災難的時候立刻出現。

我甚至幻想過自己會在一個月明星稀的夜晚，也有一個可以像超人一樣在空中飛翔的英雄把還是個孩子的我抱起來，悄悄地飛過城市的上空……

人類似乎從來就不曾缺乏過英雄的形象。古今中外，比比皆是，即使在過了多年以後，仍記得那個蒙面俠蘇洛、超人、蜘蛛人，還有蝙蝠俠。我不禁要感慨人類想像力的豐富，當人們把電影裡的英雄變成像真實英雄一樣崇拜時，甚至這樣的英雄像平常人一般生活在人群中，只有在危難時刻才會出現神力時，我想，這也是人類最美好、最渴望實現的理想和願望吧！無論這樣的英雄長得是否高大英俊，也不管這樣的英雄是否一定要具有超人般的超能量，只要是可以拯救人類的英雄，無論英雄化身為什麼樣的形象，都是英雄，都好！

流行的就是好？

朋友的兒子今年十二歲，藉著難得的休息日，到我這兒來散散心。看孩子在屋裡東看西看的樣子，大家的注意力就都轉到了他身上，還有他那雙新款名牌運動鞋。

本來還說著現在的孩子壓力大，學習、生活都挺累的，而且現在孩子的苦與以前不同，年代不同，累法也不同。可是，當我們把目光投向那彷彿『苦大仇深』的小孩子的時候，卻發現了小孩子身上穿戴的是各種名牌。有一些是我們叫得出牌子的，有一些則是聞所未聞的。於是感慨起來，現在的小孩子成熟得太早，太愛趕時髦了，而且追求的都是一些不知所謂的時髦東西……

話音未落，那孩子便不高興了，指著身上的衣服一件件地述說它們的名堂，而我和他的爸爸如墜雲霧，除了那些平時就知道的名牌之外，其餘的竟都沒記住！最後，孩子還補充著：『這款運動鞋現在已經不是最新流行的款式了，我們同學剛買的那款才是最新的，可是他……』一邊說、一邊瞅著坐在旁邊的老爸：『他偏不給我換新的……』後面的話還沒等說完，就被他老爸給狠狠地瞪了回去。

『這鞋壞了嗎？』

『沒有。』

『沒壞為什麼非要買新的？』

『舊款，落伍了，不是現在流行的新款。』

『流行的就是好的？』

『我們同學都穿新款流行的，我為什麼不能？』

我也覺得奇怪，那父親所說的明明是有理的事，怎麼說起來卻那麼氣勢不足，而孩子的要求在我們這一代人看來本是無理的事，為什麼說起來卻理直氣壯？

每個世代所流行的東西都不盡相同。時代不同，流行的觀點也不會相同。儘管有復古思潮的出現，也永遠代替不了流行的最前線。服裝如是、飾品如此，其他也是這樣。

但誰又能斷言，流行的就一定是好的呢？

對於人生觀和世界觀尚未完全形成的孩子們來說，他們所需要的似乎只有流行就可以了，而完全不需要分辨流行是好還是壞。但這樣的放任，對於孩子的成長來說，弊一定會大於利。盲目地跟著所謂時尚的潮流走，最後往往失掉了自己的觀點和看法，而成了人云亦云的應聲蟲，缺乏個性和個人觀點、創造力的人，在現在這樣的社會中，很難謀到稱心的一席之地。

流行的未必就好，也未必不好，在選擇的時候，關鍵還是要看產品的實用程度和自己的需求，而需求才是產品生存的根本。一味跟在流行的潮流之後，不但永遠做不了潮流的主導，反而會淹沒在其中，沒有一絲聲響。

最後，我給孩子講了個笑話。

都說流行的就是好的，是嗎？不見得吧。

為什麼這麼說呢？你看流行的那些東西多漂亮、多亮眼啊！

那麼流行感冒和各種流行病毒也會給你這樣好的、漂亮的感覺嗎？

最後，我送給孩子一句話。

追求時尚沒什麼不好，年輕人應當有新的觀念和想法。但不要做別人的應聲蟲，要做自己的主人，學會積累、學習知識，有一天，流行的最新時尚由你來領導，好吧？

孩子狠狠地點頭，眼睛裡有一股憧憬和堅定的神情，讓他的老爸和我看了都覺得動容。

摯友

朋友講起了陳丹青和陳逸飛的故事，以及他們的相交和最後的遺憾。當時我聽了便覺得頗為難過，回來後，便想更了解這兩個人的情況，上網搜尋關於二陳的一些資料，發現有好多新聞都提到了陳逸飛的逝世，及其摯友陳丹青的痛和悔。

陳逸飛和陳丹青並稱為上海畫家中的雙峰，還被譽為中國油畫界的翹楚。這對於畫家而言，應當是非常高的榮譽了吧！難得的是，這兩個人還是亦師亦友的關係。看兩個人交往的過程，心裡總有一種帶著些酸楚感覺的溫馨，那是一段從艱難的歲月一起走過的友情和依賴，既有師長似的關愛，也有朋友似的敦促，對於兩個人來說，都是一段難得的友誼，在彼此的心裡，朋友的地位也是無法替代的吧！

不知道為什麼兩個人之間產生了誤會，他們竟然有十五年沒有聯繫，沒有對彼此說過一句話。整整十五年啊！生命就那樣靜靜地流淌過去，似乎無聲無息，卻是暗流洶湧。難道他們的心中還在怨恨著對方嗎？因為彼此曾經關愛得那麼深，恨起來恐怕也是同樣的深吧！

多年之後，當陳丹青面對老友的逝去而無可挽回的時候，他毫不掩飾自己的痛心疾首，也許真的沒有什麼能比友人帶著彼此之間的誤會離去更讓人傷心的了！而其實他們早已在心裡原諒了對方，本來也不是因為彼此的原因才生起的誤會，卻讓他們為此承擔了十多年好友竟成陌路的後果。

『這些年中，其實大家都有機會坐下來開始重新溝通，但是一直沒能進行，我至今都很遺憾。』陳丹青面對記者的採訪時，坦誠而沈痛地說著。

『有個故事一直很讓我感動，那就是塞尚和左拉的故事。他們都是普羅旺斯鎮的中學同學，一個喜好文學、一個喜好畫畫，後來一起到了巴黎，他們倆的交情十分地好。在印象派鬧事的時候，左拉還仗義執言幫塞尚說話。

『可是到了兩人中老年的時候，左拉寫了一本小說，以塞尚為原形，暗示他是一個失敗的天才。塞尚大怒，覺得受了老朋友的曲解和侮辱，於是兩個人就絕交了。沒過多久，左拉死了。到他死的時候塞尚才發現，自己原來非常非常捨不得左拉，左拉的離去，帶走了他整個青少年時代，以及對藝術的回憶。

『當然，我不是塞尚，陳逸飛也不是左拉。青少年時候的朋友，特別是亦師亦友的那種關係，是不可替代的。我想這是很難說出來的一種感覺，尤其是，他這麼快就去世了。』

看到這兒，我覺得自己的眼中也隱隱有了淚水。

古有伯牙與子期，今有逸飛與丹青，雖然不盡相同，但卻算得上殊途同歸。摯友的感情總是無法替代的，只是這讓摯友生隙的誤會實在是害人，讓人頗有些造物弄人的感慨。如果他們當初都預見到了今天的後悔與心痛，還會不會執著於那個不由彼此引出的誤會呢？

能有個這樣的摯友，是人生之幸吧！因此古人才有『人生得一知己，足矣』的感歎吧！

要是不用睡覺就好了

朋友的孩子今年八歲了，最近忽然迷上了漫畫。

孩子有了自己的嗜好，當爸媽的自然高興，便想方設法地給兒子買來最新、最暢銷的漫畫，全然不計較這些漫畫的昂貴花銷。

孩子也真懂事，每有新書總是以最快的速度看完，還會好好保存，一有時間便拿出來重看，而且因為擔心手上的污垢把漫畫書弄髒了，每次看之前還要先把手洗乾淨……

這樣懂事的孩子別說讓爸媽心疼，就是我聽了也會覺得很喜歡。從小就懂得珍惜自己所擁有的孩子，長大了也一定會是個相當懂事的善良人吧！

不過最近這小傢伙有點發愁，還嚴肅地要爸爸、媽媽一起開個家庭會議，主要的議題就是要討論一下如何才能把自己看漫畫的時間延長。這個建議真好，想不到這孩子年紀雖小，想法卻挺多的，遇到自己解決不了的難題，還知道開家庭會議請爸爸、媽媽幫助他解決這個問題。

我就笑著說：『這樣好啊！他知道珍惜時間了。對於一個只有八歲的孩子來說，多麼不容易啊！』

朋友苦笑回說：『你不知道，他呀，為了能多些時間看漫畫，除了上課和寫作業的時間不敢佔用之外，其他的時間幾乎都花在看漫畫上了，我和他媽媽除了建議讓他速讀之外，真是不知道他還有什麼時間可以再挪出來看漫畫了！

『而且他現在不只是看，還試著自己畫，我想讓他乾脆去上繪畫課，但是他卻想自學，擔心上繪畫課會耽誤時間……這孩子才八歲，就把自己管得像個大人，沒有玩耍、看電視的時間，甚至連走路、吃飯、睡覺的時間他都想佔用了！要不是行不通，我看他早就把那些時間都用上了。

『開會的最後結果，他還是接受了我和他媽媽的建議，就是乾脆讓他學速讀吧。但他似乎還是不太甘心，有些不悅地嘀咕著「要是不用睡覺就好了！」。』

要是不用睡覺就好了？這孩子真是夠有趣的了！

以前聽說有個人得了一種怪病，就是怎麼樣也不睏，不想睡覺也不用睡覺。剛聽到這個新聞的時候，我也滿心羨慕，至少這樣的怪病把人的精力在無形中擴大了一倍，甚至比一倍還要多啊！而在這延長了的生命裡，是不是就可以做出比常人多一倍的事情呢？然而事實並非如此。

聽說那不用睡覺的人並沒有因此多做了什麼事，反而因為和正常人的不同而滿心焦慮，常常躺在黑暗中等待睡神的到來，卻總是空等一場。日復一日，他看著別人進入香甜的夢中，而對自己的睡不著卻毫無辦法，於是開始惱怒起來。

也許，病終究是病，不能用正常的眼光去看待或要求病人去做正常人應該做的事情。病人有病人的痛苦，也會有不為外人道的苦惱。但是，除了身體上的病痛之外，心裡的病痛也許更需要解決吧！假如沒有生理上的毛病，只是睡不著而已，那就調整好自己的心態，用比別人多出一倍的時間去做自己喜歡的事情，那該是一件多麼愜意的事啊！據說有人曾經做過一個粗略的統計，提到人在一生當中，幾乎有大部分的時間都在睡覺。

想想朋友的那個八歲的孩子，突然覺得他可能是個天才吧！至少他意識到了睡眠的時間是很多的，如果不用睡覺，那麼他就會有更多的時間去做他喜歡的事情。

嗯，真的挺有道理，要是不用睡覺就好了。

別忘了還有蠟燭

這個城市真是越來越熱了。根據經驗，這樣的天氣在北京其實不過是個開始而已，最熱的天氣還沒完全到來呢！

我所住的地方也安裝了空調。我的助理為了要好好照顧我，他們幾乎把生活中的每個細節都想得很周到。但是我很少開空調，無論是寒冷的冬天還是熱浪灼人的夏季，我還是比較喜歡在有著自然空氣的房間裡呼吸。

早在前兩年，我就聽說了關於耗電量大國家有電力不足的狀況，有些地方甚至因為電力的嚴重不足而影響了一些正常的工作學習和生活。

一個生活於電力時代的群體，根本忍受不了電力消失之後的生活。

但是昨天晚上就停電了。

社區裡的好幾幢樓同時陷入了一片黑暗之中。

我讓助理們把那些照明燈、手電筒都拿走，一個人坐在黑暗中看著外面星星點點的車燈和路燈。

想起在我小的時候，手電筒可是一個家庭的『四大件』之一呢！如今，如果不是夜行或是修理東西，手電筒幾乎要被人們淡忘在生活的角落裡了。

月光、路燈和車燈，成為這個陷入黑暗的社區裡最亮的光源，但我唯獨看不到燭光。或許還有吧，但也許因為太微弱而不會被距離稍遠處的人發現吧！

很多人在小時候都曾提過點著蠟燭的燈籠吧？那種紅色的小蠟燭似乎是今日琳琅滿目的市場裡最不起眼的小商品了，而那種提著紙燈籠，裡面隱隱透露著溫暖的紅光的兒時情景，在今日也早已不復再有了吧？

去年春節時，我見到幾個小孩子也提著紅燈籠，歡天喜地地走街串巷，不過可惜的是，那不是有紅蠟燭的紙燈籠，而是用電池和燈泡的塑膠製品，可以在快走或慢跑時毫不擔心燈籠紙會被燭火燒到的那種。

於是，看著窗外隱約的電燈光亮，聽著外面飄來的口琴聲，我竟有些懷念那段用蠟燭以及煤油燈為主的照明時代。對我而言，那應該是一段與現在相比生活雖然清苦但卻無憂香甜的童年時光吧！

心裡想著，順手點起了佛像前的那幾根蠟燭。有自然界的空氣、有燭光的溫暖、有蠟燭的氣息，佛祖一定會明白我此刻的心情吧！

天都亮了

他說，我怎麼覺得我的天總是黑的？

他曾是學校院系裡的活躍分子和高材生，畢業後以優異的成績和良好的條件，通過層層考試和激烈的競爭獲勝，進入了一家小有名氣的企業，成為那家企業的一個員工。

在正式進入工作崗位之前，他告訴自己：『你在學校裡可以做得很好，在這個競爭激烈的公司裡一樣可以優秀和出色！』帶著這樣的自信，他開始了畢業後的社會生活。但在他意料之外的是，企業中複雜的人際關係簡直讓他昏了頭，學校裡那種單純和善良在這裡似乎永遠碰壁，他不知道到底是哪裡出了問題，他覺得自己的天黑了，看不到前面的路在哪裡。

曾有一個歌手唱過一首感動過無數人的歌，裡面唱到的父母和孩子都是真人真事。那對父母在突如其來的災難面前，拚著最後一絲氣力舉起了他們最後的希望，而他們的希望，那個小小的男孩，成了那次意外中唯一的倖存者。對於一個還不甚記事的孩子來說，同時失去了父母，就意味著失去了那道保護的屏障，還有那些本應來自於雙親的教導和愛。

如果按照他的想法，這孩子的天不但黑了，而且簡直就是塌下來了吧！天塌下來可怎能繼續活下去呢？

但人們還是眼看著這個不幸卻又幸運的孩子一天天地成長起來，並且也有著他那個年齡的孩子常有的笑容和活潑的神情。在他未來的成長道路上，他不但要面對這種失去雙親的痛苦，可能還要承受著夾在身邊的親人之間爭鬥的雙重壓力之中。與他相比，小男孩那剛被親人的手擎起的天是不是又要塌了？

我相信不會，因為即使爭鬥，我依然感受得到小男孩兒的親人對他的愛；即使有再多苦難，小男孩兒也一定會堅強地面對，亦如他那堅強的父母。

每當前進的過程中遇到挫折和障礙，不要退卻，只要保有你心裡的那份堅強，沒有過不去的關卡，也沒有翻不過的山。始終記得：無論是什麼樣的苦難，也終究會過去的；一切都會過去，天也永遠不會一直黑下去。而度過了這些人生中的苦難，你所看到的天空一定會比以往更加明朗，你的心也一定會比以往感受得到更多的光明和安樂！

無論什麼時候，都不要氣餒。你看，天都亮了，你還在等什麼？

一生能有多長

出去散步時，發現平常會遇到的那些聊得來的人有點不同了，其中有兩個人在抹淚，表情也很悲傷的樣子。不知道他們在談什麼，走過去一聽才明白，他們剛剛失去了悉心照顧好久的寵物，正在傷心著呢。

兩個年屆花甲的老人，頂著一頭花白的頭髮，臉上不時地落下成串的淚水，讓人看了便心生痛楚。其中一個年紀稍輕一些，她養的狗名叫巧哥，活到十九歲，春節時因為猛然炸響的鞭炮嚇壞了老邁的牠，於是離開了一直寵愛牠的主人。

老人痛失愛犬，悲傷不已，但想到巧哥也算享夠福了，便不斷安慰著自己，給巧哥找一個地方埋葬了。另一個年紀稍大點的看起來簡直就是老淚縱橫了。她養的是一隻大麥町犬，取名大麥，可是大麥還不到一歲便夭折了！她絮絮地叨念著大麥的種種好，牠的聽話、懂事、乖巧，說到大麥染上了腦炎，到獸醫院也無法醫治時，她心疼得用手捂著自己的心臟，似乎那裡疼得要破胸而出；說到大麥最後彌留之際，仍然拖著沈重的身體到洗手間的馬桶上嘔吐，直到再也沒有力氣挪動一步時，她已經是泣不成聲了，我的視線便也跟著模糊了。

雖然我一直沒養過寵物，但童年的那幾隻藏獒卻一直在我的記憶中。對於我來說，眾生皆有生命，即使作為一隻不會說話的貓或者狗，也是有權利生活，得到牠本就應當享有的生命和生活的。

一生到底有多長？一輩子又應該用多長的時間來計算？

按照塵世間的生命和時間來計算，世界上最短的生命只有幾分鐘，最長的生命也只有上百年。但在佛所示的西方極樂世界，天人的壽命是無量的。無量，凡人看來也許只是一個有形的概念，但這就如同佛語裡的剎那，你可以用世俗的眼光看成一瞬間，同樣也可以用世俗的心理把它看成永恒。無量，極與無極，其實所要表達的卻是一個意思。

人的一輩子，動物的一生，長短雖然不同，但卻都是在六道中輪迴。走過這一生，只不過是在六道的輪迴裡走了一圈而已。脫離了這樣一圈又一圈的輪迴，才有壽命的極與無極。

所以，不必傷心，要知道，無論是巧哥還是大麥，說不定這一走便是因禍得福，來世托生為人，不受那畜牲道的惡苦；又或者已被諸佛接去，脫離了六道輪迴的苦楚，正在西方極樂世界想著如何接應未來的眾生呢！

一生到底有多長？也許是從你的眼前到無窮遠處，也許是從臂膊到你指尖的距離。站在一個迴圈裡看，永遠跳不出迴圈的圈子，也就看不清一生的長度。

怎樣才能交到朋友

他問我，為什麼別人都有很多朋友而他卻沒有？他很努力很認真地看著我問：『為什麼你會有那麼多的朋友？難道只因為你是活佛嗎？』

他這麼問我的時候，臉上掛著正處於青春期的男孩子所特有的那種認真、倔強、單純和偏執，相信世界都在他們手中，但又有那麼多奇怪的事情是他們所理解不了的。

看著他認真的表情，我笑了，這寬容的笑，有些長輩的味道，但更濃的是朋友和哥兒們之間可以交流的那種笑容。不管他的問題裡有多少嫉妒的成分，也不管他的問題裡有多少偏激的成分，我告訴他我的想法，就像和我的弟弟在說話一樣。

人與人之間是要講緣分的，儘管緣分這個詞曾被濫用了千百遍，但緣分如故，很多事都是因緣使然而非身分注定。儘管身分和地位在這個現實的社會中可能會在某種場合起到重要的作用，但對於友誼而言，尤其是那種真正的不參雜質的友情來說，身分和地位這種類似的東西是無足輕重的。

友誼，是人與人交流時心靈碰撞後產生的感情，那是用金錢和地位買不來換不到的。所以說，如果只因為我是活佛，是個西藏的轉世靈童，因為有了這樣的身分，所以我才有朋友的話，自然是不準確的。

之所以說是不準確，是因為我的確有很多朋友是由於我的這種身分才相識和相交的，這也算得上是一個轉世靈童的特殊性了吧！因為很多人與佛有緣，因此才會知道我，認識我，而我和這些人能成為朋友，一方面是因為我要弘揚佛法的話，我當然希望越來越多的人知道佛法、相信佛祖，明白佛祖所喻示的道理，最終找到自己的幸福，往生極樂世界；另一方面，我知道這些人的本意善良，不斷與我接近時，他們只不過是希望自己能離佛祖近一些，更近一些。如果在別人看來，我是個朋友眾多的活佛，那麼我應該感到欣慰吧！

對於一個正處於青春期的孩子來說，想要多交朋友，最好朋友遍天下的話，我覺得有兩點至關重要：除了不斷豐富自己之外，還要學會聆聽。

別以為聆聽是一件簡單至極的事情，真正會聆聽的人都是智者。也千萬別覺得聽別人說話是一件枯燥的事情，或者是無聊的事情，如果你是個有心人，你一定可以從聆聽別人的說話，學到自己以前不知道的東西。就是說，不但聆聽本身是門學問，聆聽的過程也可以是一個學習的過程。

人的精力畢竟有限，但獲取知識的途徑卻是多種多樣，可以不拘一格。當你認真地聽別人說話時，你會發現你們之間的差距和不同，也會發現對方的優點和缺點，同時也能反照出自己的優點和缺點。

聆聽時還會在過程中吸收了書本上學習不到的知識，也許來自於生活，也許來自於實踐，無論從哪裡得來，都是一種收穫。因為能夠聆聽別人說話的前提，自然先是得到了對方的信任，之後才能有機會聽別人講出自己的心裡話。

別以為聆聽就是聽聽而已，那樣的聆聽充其量就是一個垃圾桶，別人扔什麼你裝什麼。真正會聆聽的人會在聆聽的過程中給予對方適當的批評、鼓勵，或者是建議、意見等等，只有這樣的聆聽才是有價值的聆聽，才是真正的聆聽。

年輕人總是顯得浮躁，對於別人的感受總是缺乏耐心。如果能夠靜下心來聽別人說一說，而不總是自己對著別人夸夸其談，相信那時候你的朋友一定會比以前多一倍。

最後，我告訴他，也想告訴所有像他一樣有這種想法的年輕人：世事需要經營，善於經營的人才有收穫。友誼亦如此，學會聆聽，懂得珍惜，你的朋友一定不會少！

千紙鶴

她的男朋友是登山員，在一次登山時，由於氣候惡劣，整個登山隊失去了聯絡。當總部通知她時，她並沒有表現得特別痛苦或者特別傷心，反倒是有些讓人意外的鎮定。然後，她打了個電話給我，希望我能夠和她一起祈禱。

我當然義無反顧地接受了。

兩天時間中，她不眠不休地待在家裡，摺了一千隻代表平安、好運和思念的紙鶴，一串串地掛在客廳裡，彩色的紙鶴像是有了生命般，在窗外吹進的風中輕輕地舞動，像要展翅高飛似的。

她默默地看著那些紙鶴，眼神裡滿是期盼。

『你別笑我幼稚，我覺得它們是真有生命的，當我摺它們的時候，我對每一隻紙鶴都說了我的心願，我覺得它們都聽懂了，而且會幫我實現我的願望。我知道，他沒事的，紙鶴會幫我保佑他。』

我看見她的眼角有了淚光，然後眼淚便一滴滴地落下來，從滾燙變成冰冷的一團……

我告訴她，我絕不會笑她，恰恰相反，我從心裡面贊成她的做法。在無法做任何事，只能等待的時候，她選擇了一種可以讓自己的心靈有所安慰和可以平靜的辦法，這是明智的選擇，絕非幼稚的舉動。在摺疊一串串祝福和希望的同時，她也在不斷地安慰自己，不斷給自己信心，堅定他一定可以回來，並且是平安回來的信念。而我相信，這已是她所能做到的最積極的事了。

這種表面的平靜和不斷堅定內心信念的做法，相對於乍聽噩耗後的歇斯底里要強上百倍。相對來說，傷心欲絕不但於事無補，反而給自己也給別人添麻煩。不如讓自己更有定力地安靜等待，相信只要有一線希望，人們一定會把失蹤的人找回來，而他，也一定會安然無恙地再次出現在她面前！

我知道有一首歌就叫〈千紙鶴〉，但我不會唱，甚至也不知道歌裡寫了什麼。但我知道，單從歌名，就體會出一個人對另一個人思念得有多深。而紙鶴有多少，思念就有多少，就有多堅定。

對著客廳裡五彩繽紛、飄飄欲飛的千紙鶴，我和她一起祈禱，和她一起賦予紙鶴實現願望的動力！

在失去聯繫的第三天下午，登山隊終於與總部重新取得了聯繫。登山隊員們無一傷亡。我知道她一定會對著他和那一千隻紙鶴展露出最甜美的笑容，因為她早就知道，紙鶴們會承載著她的祝福和願望飛到他那裡，告訴他她在想他，在擔心他，希望他早點與她聯絡，早日回到她身邊。

給自己打氣、加油

我的一個朋友就要出國了，目前正在做最後的一些準備。

拿到簽證的那天，她興奮地給我打了個電話，約我出去喝茶。然後，在一個環境幽雅的茶館裡，我見到了這位即將遠行的朋友。她的樣子看起來更像是要出嫁的新娘，臉上的笑容如同大朵大朵的花在不停地、絢爛地綻放。

我們坐在轉角處的一個雅間裡，當茶香在空氣中飄起時，她的聲音也如同那茶香，一縷縷地鑽進我的耳朵。她說，她打心眼裡感激我，非常非常感謝我。然後，我們就分別圍坐在那個小小的方檯兩側，一起墜入了兩年前的回憶中。

那時我正在找一些助理，實際上並不是完全公開的招聘方式。但是不知她從哪裡得來了這樣的消息，就義無反顧地跑來應徵。她看起來就和普通的學生沒什麼兩樣，我幾乎在見她第一眼的時候，就覺得她應該繼續在學校裡念書，而不是找工作。我也很坦白地告訴她，因為很多事情我並不在行，我希望可以找到能夠馬上就開始獨立工作、可以幫助我的人。

她用平靜的眼神看著我，然後拿出自己準備的一份履歷。履歷不厚，但看起來製作得很漂亮、很精緻。接著，她就不疾不徐地講述自己的經歷。雖然她還沒有完全從學校的生活裡脫離出來，但聽得出來，她對這些助理應該做的工作似乎了然於胸，而這完全得益於三年大學生活中不間斷的打工。

最後，她又補充說，雖然自己目前還沒有畢業，但學校裡已經沒有什麼事情了，所以目前最重要的就是給自己找到一份合適的工作。不等我發問，她就說，以前雖然自己輾轉待過幾家公司，確實也學到了很多東西，但現在所找的工作與以往打工時的性質不同，她希望能從這份新的工作中看到未來發展的潛力。

她的口吻聽起來有著不容置疑的成熟和堅定，我知道，她應該可以成為一個優秀的工作人員、一個合格的助理，於是便點頭，請她一週後來報到開始試用期。我是考慮她可能還要去試看看其他的工作，或者是需要再處理一下學校的事情。而她就像看穿了我的想法一樣，很肯定地說：『我明天就可以來上班。』

當然，她很快就適應了這份新的工作，而且遊刃有餘。我們熟悉之後，有空時也會在一起聊聊天。工作之餘的她就顯得活潑多了，不再是那副成熟得一塌糊塗的女強人的模樣。有時，她會好奇地問起我的家鄉，她說她很喜歡西藏，覺得那是一個純淨得沒沾染一絲塵土的神秘的地方。她還說一直很喜歡法國，希望自己能有機會去法國念書，學什麼都好，只要能去法國。

我問她，為什麼不試試？她笑起來，笑容裡有些苦澀，也有些無奈，甚至有些自嘲地說：『你別看我平時好像都是一副胸有成竹的樣子，其實我最沒自信了。我只是時常鼓勵自己、給自己打氣而已。我想，我這輩子可能都去不了法國了，只能想想而已。』

我說，既然喜歡就應該努力去實現，畢竟是自己的一個夢想，為什麼不給自己打氣、加油，說不定就有機會去呢？我記得當時說完時，她的眼睛就一亮，但只一會兒，便又黯淡了。我知道她還在矛盾中，如果她真的能時常給自己打打氣、加加油的話，我覺得她一定可以實現自己的這個夢想。

事實上的確如此。在接下來的一年中，她不但自學了法語，而且還聯繫了一家法國的學校。讓我高興的是，從頭到尾，她所走的每一步我幾乎都是知情的。她說，她只是希望我心裡有數，如果她真的能走，她希望我提前做好準備，而她不但不會耽誤她現在的本職工作，還可以在走之前把新人帶上手。

茶氣氤氳的當兒，她說，她感謝我，更主要的是我提醒了她，也堅定了她的信念，而這些是她能夠實現自己夢想的很重要的助因。

有時候，有了理想和目標以後，自我的堅持和自我鼓勵還是很重要的，在不斷給自己加油、增加自己信心的同時，也等於給自己增添了無限的動力和毅力。

我相信，即使她孤身一人在異鄉求學，依然會滿懷信心地朝自己的目標前進，因為她知道自己是如何走出這有些艱難的第一步，那麼也一定知道自己如何堅定地走下去。就祝她在異鄉信心百倍地追逐自己的理想吧！

後悔

世上沒有後悔藥可買，千金難買早知道。

這個道理很多人都明白，只是真正做起什麼事來，卻往往會把這道理忘得乾乾淨淨。

朋友打電話來，說自己今天在逛商場時看見一個中年婦女正焦急地尋找丟了的小孩，她在商場裡逢人便問，有沒有見到剛剛還跟她在一起的小男孩，這麼高、這麼胖、眼睛大大的、穿著什麼樣的衣服和褲子……一邊說一邊比劃著，似乎她的孩子就在旁邊站著似的。最後，她還懊悔著叨念說：『我真不該讓他一個人在外面等……』

朋友掛上電話前對我說，以後他可不能讓老婆帶著才四歲大的孩子上街購物了，萬一老婆去試衣間試件衣服的時候，孩子就跑丟了或怎麼了，他可受不了……

好在那孩子最後還是找到了，他在媽媽去結帳的時候溜到一邊的兒童區去玩了，後來被商場的工作人員帶到了廣播室。朋友說他不知道那媽媽見到孩子的第一個動作和表情是什麼，但是能想像得出來，一定是又愛又恨又悔種種極其複雜的感覺吧！

雖然這一幕我並未親見，但卻從朋友的述說中幾乎知道了事情的全貌。我覺得自己完全能夠體會那位媽媽急於購物結帳時的心情，也許那一刻她還有些嫌兒子礙事，如果不是帶著他，她可能會逛得更久，更仔細地挑選喜歡的東西。然而結帳回來，新衣服到手的喜悅還沒有完全升騰起來的時候就發現兒子不見了！這一驚大概完全抵消了她所有可能會有的喜悅和開心。

那一刻，她滿心都是兒子的影子，在遍尋不到兒子時，她心裡一定後悔死了，早知道兒子會不見了，不如當時就帶著兒子一起去結帳，或者乾脆就不買那件衣服了。或是不來這家商場逛街，而是帶著兒子去動物園玩，那也比現在這樣因為兒子的丟失而懸著一顆心要強百倍啊！

畢竟衣服有無數件可選擇，可兒子只有一個！她因為自己的疏忽而把兒子弄丟了，我相信，她以後對自己的兒子恐怕再也不會如此掉以輕心了，她當然不會再吃這樣的虧。世上畢竟沒有後悔藥可買，那麼當讓人痛心的事發生的時候，也只能讓它就那樣發生了，沒辦法挽救，充其量是做一些補救工作，但再也不是原本的樣子了。

這樣的事在現在的社會看起來似乎並不是什麼非常嚴重的事，可能連報紙都不太會刊登這樣沒有任何炒作價值的新聞，但在我看來，就這件事來說，至少這位當事的媽媽和兒子在以後的生活中都會有所顧忌了，而當時旁觀的人、被那位媽媽詢問過的人也會有所領悟的，雖然他們只不過是旁觀者而已，但我相信，能看到我這篇日記的人也會因此而想許多吧？所以，從這個角度來說，也是好事。

雖然有一句名言說：『人類一思考，上帝就發笑。』不過，在我看來，既然都是在六道中輪迴的眾生，就無所謂笑與不笑了，再笑也不過是五十步與百步的關係而已。最關鍵的還是應該思考，應該從生活中多多體會生命的真諦，免得當生命逝去之時才後悔。

有緣千里來相會

細說起來，我們的國家更像是一個有著龐大關係網的社會，幾乎每個人對這種人際關係都感到頭疼，但是只要生活在這個社會當中，就逃不了這種關係的存在，喜歡或者討厭都需要面對。

人性是複雜的，人心便生出了太多不可測的情緒，並且可能會毫無預兆地就變成了另外一種顏色。也正因此，人們常用人心叵測來形容人性的複雜，以及無法把握，甚至於它的不可預測。當人們感慨於人際關係的複雜甚至混亂時，便越發地顯示出了這個詞在世俗中的地位和分量。

有人曾經問我，既然你知道人性的複雜，也知道人心叵測，為什麼還要來蹚這渾水？留在西藏或是佛學院，或者是家鄉的那間寺院裡，自己修行不好嗎？何苦與世人糾纏不清？

我知道這樣問話的人出發點是好的，但我當然不能那樣去做。即使人性再複雜，即使人心再叵測，我也會對自己說，要不離不棄。人來到世間是為了什麼？我來到世間又是為了什麼？

我始終覺得，既然自己是個轉世靈童，當然是肩負使命而來。如果我只為一己私利，遠離塵世，獨自修鍊，也許也能有所收穫，但那絕不是一個轉世靈童在世間應該做出的選擇，至少那樣絕不是我的選擇。

我希望自己能在世間做一個塵世中的轉世靈童，也能發揮出一個轉世靈童在塵世中的最大作用；就是說，如果我在塵世中的生活和修行可以讓更多的人了解佛法，相信佛所給世人指出的路才是光明之路，甚至我的存在，只是讓更多的人知道了有佛、有佛法，或者只是看見了佛像、聽見了經文、法號，也是好的！

有人出世，有人入世，那只不過是個人不同的選擇而已，無所謂對錯，更無所謂高下，每個人都有自己的想法，每個人都要做出自己的選擇而已。

其實，我身邊的人就很多，相對來說也很複雜，因為各行各業的人都有，男女老幼都有，民族不同，國籍不同，語言也不完全相同，但他們都只因為佛與我相識，我也因為佛與他們相識。佛就是我們之間的緣，因緣使然。雖然他們在社會中都有不同的社會角色，也是人性複雜和人心叵測中的一分子吧，但在佛祖面前，我們都是一樣的，沒有民族之分，沒有國籍之分，沒有優劣之分，沒有等級之分。有句俗話說得好，叫有緣千里來相會！就是這個道理吧！

我從來不怕人性的複雜，更不憚於人心的叵測，因為我知道，我與這個紅塵間有緣，是此生為轉世靈童在人間弘法的因緣，所以，我來了，帶著我前世今生的因緣，與此世的人不遠千里萬里、千山萬水地相會，只為了，佛緣。

讓座

那天突然起了興致，便和朋友一起坐上地鐵出去玩。

不過卻遇到一件事讓我有些糊塗和氣憤，其實只是一個既簡單又複雜的問題：讓座。在公車上偶爾還能看到讓座的現象，可在地鐵上，幾乎就沒見過有讓座的人。無論站在人們面前的是老人、小孩子，還是孕婦，坐著的人似乎總是穩如泰山。

今天遇到的這事就讓人挺生氣的。本來節假日裡出遊的人就挺多的，地鐵到站時，人們忽地一下子就湧到了車門口，然後也不管車上的人下來沒，找個縫兒就鑽進了車廂，為的就是能撈著個座位。我身後有一對小情侶，看年紀也不太大的樣子，可是擠起來卻是毫不含糊，尤其是那個女孩子，本來還在我身後，可是車一停，她一把將我拽到了後面，自己卻拉著男朋友一個箭步衝上了地鐵，連本來要下車的人也被她擠到了一邊。

我心裡微微感到不快，心想著她小小年紀，何須為了一個座位而如此地引人側目呢？看得出來，她的男朋友多少有一點不好意思，可是小姑娘卻像什麼都沒看見什麼都沒發生一樣。平時我出門時，都有弟子和助手們幫我安排得妥妥當當，很少遇到這樣的情況，所以不快歸不快，覺得人家可能也有什麼苦衷吧！

等到我上了車之後才發現，車廂裡已經站滿了人，於是我找了一個有扶手的地方站住，開始打量車廂裡的一些情況。突然發現，那個從我身後擠過去的女孩在長椅上擠了個位子坐著，她的男朋友則站在她前面，看來她的拚搶還是有一定的效果。很快就到了下一站，女孩的身邊空出了一個座位，她立刻拉過男朋友坐下去。後上來的一位老人剛好就站到了他們面前，那花白的頭髮和有些顫抖的身體似乎都在告訴人們，他的年紀已經不小了。

有人在一邊說：『給老人讓個座吧！』可是這聲音很快就被地鐵裡的聲音淹沒了，不但沒人站起讓座，還有人不滿地回瞪了一眼那個說話的人。奇怪的是，那說話的人竟因此而臉紅了！似乎自己做了一件不應該做的事，在遭到了大家無聲的反對之後，只好悄悄地離開，換了個地方，重新站好，只當剛才什麼都沒有發生。

這不對呀！所謂的尊老愛幼，應該感到羞愧的是那些沒有讓座的人，怎麼都反了呢?!

那個小姑娘還抬頭看了看站在面前的老人，冷冷地白了一眼，就又把眼皮放下了。她身邊的男孩卻有些坐不住的樣子，看老人站在面前，多少有些如坐針氈的感覺，於是附在女孩耳邊小聲商量著什麼。不料剛才還在假寐的女孩一下瞪圓了眼睛：『別傻了！你有病啊！老老實實地給我坐著，好不容易有個座位，讓什麼讓！』於是男孩就更不好意思地低下了頭，有些手足無措的樣子。

看到這一幕，我心裡如同打翻了五味瓶，不知道該用什麼樣的詞來形容我此刻的心情，有迷惑，有氣憤，還有，同情。對，是同情。

我不知道他們是如何看待尊老愛幼的傳統，也不知道他們是否想過還有沒有公德心和道德心，更不知道他們有沒有想過自己家裡也有老人，而自己終究也有老的那一天?!

我下車了，心裡還存著雜七雜八的感覺，本來想要出遊的興致全被打亂了。真希望人們都能好好地做自我反省，把中國傳統中的精華一代一代繼續傳下去，哪怕只是為了在輪迴中少受些苦，也應該在今生多做善事。

當我和周圍的人談起這種怪現象的時候，他們並不意外，還說，這已經是個老問題了，反正現在的情況是，上車就是很難看到讓座。突然覺得，從某種角度看，人們的公德心和道德水準是不是真的下降了呢？不知道怎麼樣才能夠幫助這些人。佛說是為度人，然而度人最難。在同情這些人的時候，我希望他們也能有所省悟，度人、度己。

說自私

有一本雜誌對大學生做了調查，其中有一條：你認為大學生目前最不好的性格障礙（包括道德觀念、人格、心理等）是什麼？其中有百分之七十左右的人說是『自私』。後面又有一條：你最討厭大學生哪一點？其中又有百分之三十多的人回答是『自私』。再往後看，更耐人尋味的是，調查題目的設計者要求被調查者自我評價，有百分之四十的人說自己『自私』。

知道自私不好，也討厭自私，可是自己還是自私。這個結果我想就非常有趣，也非常真實了。

現在的家庭，大多數是一個孩子，很多孩子由於父母的溺愛，欲望容易滿足，而沒有經歷過集體生活的孩子，不懂得團結、禮讓和尊重別人，容易給人自私的感覺。

很多人說自私是社會因素造成的，比如家庭教育、個人的生活方式等等。這都沒說到重點，其實，自私的本源是不講平等。以我為主的想法，本質上就是將『我』與其他人和事物放在不同的水平線上，只不過，有的人站得高，有的人站得低。

站得高的人，是過於強調自己的主觀感受和願望，處處強調滿足自己為先，其實，他自己也知道滿足不滿足，實際上對他無關痛癢，可是他就是被欲望支配著。這種自私，是『貪』念在作怪。

還有的人，將自己置於其他人之下，處處以為別人比自己強，所以，對自己擁有的東西放棄不下，更不容許別人說一句不好，總是在保護自己的利益。這是『嗔』與『癡』在作怪。

說白了，自私就是墮入惡趣帶來的惡果。

非常耐人尋味的是，我們都討厭自私，也都知道自私不好，可自己的自私卻不願意改。

這是最大程度的一種自私。討厭自私的時候，我們的內心是希望對方不自私的，可一換了自己，就還是自私點好。要求別人可以，對自己的要求就是不行，這不也是自私的一種嗎？而且，這種自私，比起『小氣』、『捨不得』和不尊重別人的意見等等，更為有害。可是，很多人沒感悟到這是一種自私罷了。

其實，這樣的例子很多，比如兩個人交朋友，一個人將對方看得很重要，所以也要求對方一樣的對待他，如果對方有更好的朋友，自己就覺得失落，或是覺得對方對不起自己。這不就是自私嗎？

很多人將自私歸結為佛家講的『慢』這一惡趣，這自然有他的道理。但是，我的觀點是自私是惡趣的果，而不是惡趣本身。既然是這樣，那麼我們就完全可以避免得這樣的果。對於佛家弟子來說，脫離貪嗔癡當然就不會得到這個果。對於世俗中人來說，即使不相信佛法，如果以平等、團結、互相尊重的心去看待人和事，那麼，也自然不會自私了。

自殺不是一種解脫

又一個大學生選擇了自殺！這好像是近期連續發生的第四起大學生自殺事件了。報紙上報導，據他的同學反映，是他的功課壓力比較大，而選擇了走上絕路。可是他的老師說，這個學生的成績非常好，而且是有希望繼續深造的。記得半個月前的那個學生自殺事件，是因為感情問題，一時想不開，所以也是選擇了這樣的方式。

很多人都不理解，成績好的學生，怎麼會因為學習壓力大而自殺？更讓人費解的是，本在青春年華，感情的事還有很多機會發展，卻也早早地放棄了生命。難道，生命是這麼脆弱嗎？

我的心情非常沈重。佛家是尊重生命的信仰，我不願意看到這樣的輪迴。

佛法裡關於人的生命的觀點非常龐大和深奧，但終歸一句話：佛法尊重眾生的生命。有的人說現世受苦，早些輪迴也是好的。這是非常不尊重佛教的說法，也是非常荒謬的。要知道，一個人的生命，是經過多少道輪迴，才可以來到現世的，其中必須歷經在餓鬼道、地獄和畜牲道的種種苦，才可以修為人，所以怎麼能這麼不尊重生命呢？而在現世，我們要做的是修持，並儘快地脫離六道輪迴，脫離那種種苦，如果以這種方式結束生命，那就又要墮入六道輪迴了。佛家要普度眾生，是讓眾生不再受輪迴之苦，怎麼可能讓人早日輪迴呢？

可是，現世的生存壓力越來越大，人與人之間的競爭越來越激烈，內心的矛盾也越來越多，很多人以為自殺是一種『解脫』的辦法，於是選擇了這樣的方式。

其實，這又怎麼能稱得上是『解脫』呢？且不說還要墮入輪迴，即使放在現世中，它給別人帶來的是悲痛、傷心，而不是欣喜、快樂，更不是對社會、人類做出什麼有益的事。自己的一個行為，帶給家人、朋友的是痛苦，這算得上『解脫』嗎？

壓力大，對苦難的承受不住，在佛家講，是逆境，是有助於佛緣的。然而遺憾的是，很多人在現世並沒有機會感悟佛法。如果他們接觸到佛法，他們就會知道，人生的無常是現實存在的，苦是現世的人一輩子要面臨的主題，它不可避免。對於每個人來講，我們要做的，是尋求人類苦難的根源，尋求解脫它的方法，探求人類生存的意義。

佛家早就明示了我們對於生命的觀念，我們要做的，是要在現世去證法。

二〇〇三年，全世界將九月十日定為『預防自殺日』，這就說明，全世界的人都在關注人的生命問題，我們都在尊重生命，不希望生命是這樣脆弱，更不希望個人的生命終結在個人的手裡。

了解自己，理解別人

這幾年，離婚的人數越來越多，有個朋友曾跟我開玩笑說，站在婚姻登記處門口，走出來的四個人中，大概有一對是甜蜜地走在一起，另兩個人，則是默然地分成兩條路走，一看就是辦離婚的。他說的意思是，結婚率和離婚率已經非常接近了。

現在的人對婚姻和家庭的態度已經相當開放，有的人生活方式非常隨便，有的人則是不想負責任，所以造成了家庭破裂。

佛家說婚姻是前世修來的緣分，一般人理解為有緣則聚，無緣則散，逐漸地就有了一些宿命的觀念，認為一切都由天注定，絲毫不珍惜婚姻和家庭。其實這是不對的。佛家講因緣，是要求每一個世俗人知道這份因緣來之不易，要更好地珍惜。要知道，珍惜緣分和婚姻的幸福之間，也是講因果的。沒有真心的付出，是不能得到幸福的。

兩個人相處，本來就有很多的障礙。家庭背景不同，受教育的程度不同，生活習慣更不相同，又怎麼能指望兩個人一輩子沒有隔閡呢？問題是有了矛盾，該用什麼樣的態度和方法去解決。

在世俗裡生活，人和人之間只有好不好或有沒有默契，但是，再好的朋友，也不見得能夠進入對方的內心，知己只是人們對友誼的最美好的期望。夫妻兩人也是一樣的，雖然生活在一起，十年、二十年，直至白頭到老，有多少夫妻能夠互相知心的呢？大多數都是在互相寬容、原諒、道歉中度過一生。不要以為容忍是退縮和懦弱，在婚姻家庭中，那是一種美德，是因為明白世事無常、不墮入貪嗔癡等惡趣中的人才具備的品格。

要理解對方，首先還是要了解自己。一方面，要使自己的修養、品德更高尚，不要受到社會上一些不道德的婚戀觀念影響，更不要因為自己的惡趣給家庭、愛人帶來傷害。另一方面，要在交流、溝通中多為對方想一想。中國的古話說，己所不欲，勿施於人。如果遇到不同的意見，那不是對方的錯，先要想想，是不是自己的欲望、情緒造成了與對方矛盾？剔除這些主觀的欲望和情緒，再去思考對方的意見。

所有理解對方的人，都是能夠為對方著想的人，這是因為他們了解自己，知道在思考問題的時候，哪裡是自己的私心，什麼是解決矛盾的道理。

如果在婚姻家庭中，每個人都有佛家的心態，忘記小我，心中裝著對方，裝著家庭，用慈悲心去對待生活，那麼，矛盾自然少了，和諧自然多了。這樣的家庭，不就是世俗社會中幸福的家庭嗎？

每一天都是主題日

今天是世界戒煙日，五月三十一日，世界上第十七個戒煙日。

作為佛家弟子，我是不吸煙的，我也要求我的弟子和工作人員，平時盡量不吸煙或者少吸煙。作為一種修持戒律或者工作紀律，他們都堅持得非常好。

今天的大街上，也有很多關於吸煙危害的宣傳，據說，有些商場的香煙櫃檯，在每一年的世界戒煙日都會暫停營業，以示對戒煙的支援。

可是，雖然今天是戒煙日，可還是有很多人在吸煙吧；或許，還有人在這一天，開始吸了第一支煙，從此有了煙癮。

我們在今天大張旗鼓地宣傳吸煙的危害，可又有多少人真的聽進去了？這其中，又能有多少人下定了決心戒煙並付諸行動呢？

現在，好多事情都是這樣。有什麼主題日、紀念日等等，報紙、電視、廣播都在宣傳，一片熱火朝天的景象。可一過了這天，什麼事都沒有了，好像昨天說的都沒有用了。我想，也有很多今天在大力宣傳戒煙的人，回家之後，還要美美地抽一支煙吧。

那麼多主題日、紀念日，並不是給我們的生活增添顏色和滋味的，而是讓我們生活的顏色和滋味更美好，我們不需要它們來點綴，而是希望它們真正能為我們做些什麼。

可是，對於它們，大多數的人是什麼態度呢？關注，之後便是無所謂。這樣的主題日和紀念日，不過是徒具形式，其實，沒有什麼作用。

如果我們能把每一天都當成主題日，讓那些可以讓人們的生活更平安、幸福和美好的主題，成為生活的一部分，我們所做的一切才有價值。

這就像是佛家修持，不能臨時抱佛腳，不能到了念經打坐的時候才想起佛法，而是要在生活的隨時、隨處中發菩提心，這才有精進的修為。

其實，凡事莫不如此。生活中的觀念、習慣，都不是一朝一夕就能養成的，都是要在日常的生活中注意的，要想提升自己，想讓自己的生活品質更高，那麼就要在日常的生活裡注意一點一滴的進步和修正。

新年快樂，心想事成

在家鄉，我們的傳統都是過藏曆的新年。每次新的一年來到，家家戶戶都擺出早已經準備的、最好的青稞酒和糌粑，供奉最好的唐卡和佛像。記得小時候，每到新年的時節都是小孩子最快樂的時候，因為連續好多天，寺院或者當地的鄉親自發組織，都會有很盛大的法事或者歡慶活動。

那個時候，認識的、不認識的，大家都像是一家人，節日的氣氛非常濃厚。

如今身在異鄉，過年的氣氛和家鄉不一樣，但還是能感受到喜慶和熱鬧，大家會互相拜年，其中簡訊拜年應該是這幾年興起的新的表達祝願的方式吧。還沒到午夜，我的手機裡已經裝滿了朋友們的拜年短訊，而且，手機還在響著，總在提醒我『存儲空間將滿』。多年未見的朋友、天各一方的朋友，此時都跨過了時間和空間的距離，彷彿就在我身邊，我們在一起聚會一樣。

在各種各樣的祝福中，有一句很讓我欣賞：心想事成。能夠心想事成，這個社會該變得多美好啊！

我想，這句話無非是表達人們的一種願望，卻是在現世中無法實現的。正是世俗的人心中都有貪嗔癡的惡趣，還都不能放下心中的暴戾、貪婪、執迷，還不能避免幻象的吸引和誘惑，所以，並不是所有人的心願都是慈悲心。當然，生活品質、精神上的滿足，這些都是世俗社會中正常的追求，可是無限制地膨脹，就很容易變成邪念了。

曾經有很多人問我：佛家說觀世音菩薩有求必應，如果有人求的是惡事，那麼菩薩應不應？

這個問題非常好。我告訴他們，菩薩應，是因為菩薩知道現世人還避免不了惡趣，但菩薩應的時候，每個人心中的貪嗔癡都在被佛法化解，即使他有邪念，但在觀想菩薩的時候，菩薩自會告訴他，邪念在世俗中是普遍的，但我們要學會不要讓邪念轉成惡行。

事實上，所有做了惡行的人，心中是沒有信仰的。但只要他們有一念求佛，佛菩薩就在化解他們心中的惡趣。

理。

心想事成，也就是佛家對現世世俗生活的願望，我想這與有求必應是同一個道理。

在這個中國傳統新年的時刻，我祝福我的弟子，在求佛的道路上每日精進；祝福眾生，平等、快樂、幸福；祝福我們的國家，繁榮富強、國泰民安。祝福每一個善良、美好的願望，都能實現。

這麼說來，我的新年心願也是心想事成。

東南亞海嘯

今天印尼蘇門答臘島附近海域發生強烈地震並引發海嘯，影響到東南亞、南亞和東非地區十多個國家。根據美國方面的觀測，此次印尼地震強度達到八點九級，相當於三千顆原子彈的威力。

其實在發生的前一天，我就隱約地感覺到，自然界將給人類降臨一場災難，讓人類反思自己的行為，並為創造極樂淨土做一些事情。不過，我沒想到這場災難竟然是這麼大，難道人類真的要承受這麼重的災難後果嗎？

按照佛教的說法，世間所有的一切都有因果，善因必結善果，惡因則必有惡果要人去承受，世間所有的災難，必然是人類種下了惡因，所導致的惡果。

佛不會無緣無故地將災難降臨在人類的身上，否則，那就不是佛了。所有的災難都是佛在告訴我們，我們的修持還不夠，我們在修持中常常過於自滿，而忘了修持的真諦，忘了求佛是要經歷劫難和困苦的。其實，不經歷這些，我們怎麼能真正領悟佛的真諦呢？

就像前幾年發生的SARS，不就是人類不尊重野生動物的生命而引發的疾病嗎？一切眾生平等，不光是人和人要做到平等，還要做到善待每一種生命，尊重每一種生命。我不反對俗家人為了生命的延續而吃葷，但既然有了約定俗成的肉食，能夠滿足身體健康的需要，就不要再為了欲望去宰殺別的生命了。

記得我在廣東沿海一帶講經時，聽很多人說，那裡的人們吃野生動物的現象很普遍，那真是罪過啊。

這場大海嘯是一場震驚世界的災難，這一年中，戰爭、殺戮，很多暴力手段都顯示了人類的殘忍，這樣的社會，怎麼能不受到佛的懲戒？懲是懲罰，是劫難和提醒，而戒是告誡，更是引領。

希望在這場災難裡失去生命的人越少越好。

……

【錄自二〇〇四年十二月二十六日】

昨天幾乎沒怎麼睡著，心裡總是惦記著大海嘯的事情，除了為生靈誦經祈福外，心裡也想了很多事情。

今天得到確認，除了印尼和附近的泰國、印度等國家都有不同程度的災難，死亡人數還在上升，早上的報紙還說十一萬人，中午上網看了看，那時人數就又多了一萬四千人，晚上的資料還沒看，估計還會增加的。

心裡不安的另一個原因是，東南亞有很多佛門弟子，這也是佛教興盛的地區。我留學時曾經拜訪過很多寺院，那裡有很多古老和珍貴的佛教遺址，如果被自然界的災難毀壞了，真是無可彌補的損失。

回想起來，我去過印尼的日惹，雖然這個國家的佛教並不是十分興盛，但日惹卻是佛教盛行的重地，西元八世紀建立的世界著名的『婆羅浮屠』佛寺塔群就在這裡，目前已經成為『世界文化遺產地』。這不僅是佛教的寶貴遺產，也是人類文化的寶貴遺產。我想，它的意義不僅僅是歷史、旅遊的，也是佛教發展給現在的人類留下的見證。

印度、泰國等地的佛教歷史遺存更是多不可勝數，幾乎每到一地，都會見到寺院、僧侶以及來自世界各地的朝聖的信徒。

今天我已經讓弟子和助手們聯繫那裡的上師和寺院，因為有的地方通訊中斷，暫時還沒有得到確切的消息。雖說我是一心修佛的活佛，在常人看來，我不應該計較世俗世界的得失，但是，這些建築是不是受到地震和海嘯的影響，確實已經牽動了我的心。

還有那裡的朋友們，那裡有我求佛路上的老師，有給我啓示的師兄弟，還有眾多的信徒們。我知道，眾多的死難者中，還有懷著求佛的心剛剛踏上佛學發源地的一些善良人們，雖然，他們不是僧侶，甚至也不曾在家修行，大多數人只是信佛、愛佛卻沒有機緣得到引領，但是，很多人的確是一心求佛，懷著朝聖的心剛剛踏上這片土地的，他們甚至還沒有得到佛法的感悟，就過早地輪迴了。如果這次海嘯也讓這些善良的人們受到災難，那也是佛學的損失。

不，這可能是我過於狹隘了。我不能對求佛的人的災難過於惋惜，而對那些還沒有領悟佛法，或有其他信仰的人所受災難的同情和惋惜少一些。對我來講，他們是平等的，不管是不是皈依佛門，都是我們佛門弟子愛的人。

晚上要多做些功課，為死難的人。

【錄自二〇〇四年十二月二十七日】

今天得到最新的消息，前幾天發生的東南亞的大海嘯，傷亡人數已經上升到十五萬左右了，印尼、斯里蘭卡、印度、泰國等國災情最為嚴重。另外，還有數以萬計的人目前暫時被認定為失蹤，據說生還的可能性已經不大，但願他們不要受到更大的損失，但願他們還能回到快樂、平安的世界中，繼續他們的生活。

昨天我到了香港，這是突然決定的，我想我應該為在這次災難中罹難的人們做些事情。感謝香港和臺灣的一些朋友，本來他們的事業也在這次災難中受到了不同程度的影響，但是他們在處理自己的事務的同時，還在積極地為我的事情奔忙。

今天，我連續做了三場法事，雖然很累，但是為那些受災的人們祈禱，為了倖存的人祈福，尤其是我看到佛的弟子們，都懷著虔誠的心，聽著我誦經的同時不斷地發願，我的心裡是愉快的。

法事的最後，我代表我的基金會為受災的人們捐了款。我想，金錢的數額不是重點，重要的是佛的弟子們為眾生的平安做出了自己的貢獻。基金會的所有基金都是來自這麼多年弟子們的佈施，我想這是人類善良的財產，每個人的佈施都是懷著『我為眾人』的心願的，當別人有了困難的時候，積少成多的金錢就是每一顆向佛的善心的幫助。

這幾天來，我不斷地和東南亞寺院的上師們聯繫，還好他們沒有受到直接的損失，不過他們對於這次人類的災難感到無比心痛。他們還告訴我，這一段時期，去寺院朝拜的人多了一些，這些善良的人們希望用佛法來庇佑自己和親人，並祈望重建幸福的家園。不管他們是不是佛的信徒，能夠在這樣的時刻接近佛，這是佛門弟子的大光榮，也是人類的大幸福。

最讓我感覺欣慰的是，據說由於此次災難，全世界的人們都在以各種形式捐款、捐物，支援東南亞受災的人們重建家園，而且，國際援助的總價值是歷史上最高的。

雖然人類受到了災難，但是，我卻看到了人類和諧相處、互助互愛的美好品德，如果說對父母兄弟的親情之愛是小善，那麼，這種對陌生人的、不求報答的援助，就是大善，是極樂世界的善。

其實，善本來就沒有大小之分，不要只想著做大善事，而忽略了一點一滴的小善行。我身邊有一些追隨者，他們總以為重建寺院、大施捨才是大功德，卻連幫助別人的小事都忽略了。能做小善而不去做，就已經是惡行了。

這次國際援助不只是少數幾個發達國家的行為，還有一些本來就很貧弱的國家人民也積極地參與幫助別人的行動，雖然他們援助的物資或金錢很少，在佛家的世界裡，已經是大功德了。相對來說，我更感激這些國家的人民。

……

【節選自二〇〇五年一月四日】

智慧第一，知識第二

鄰居林先生請我吃飯，因為他們的兒子已經收到了大學的錄取通知書，小夥子考得不錯，讓他的父母非常高興。林先生在他考試之前，在我這兒求了一道平安符，而且讓我給孩子做了簡單的智慧加持。他們為這個感謝我。

其實，佛法的加持是機緣，真正讓孩子考上大學的，是他多年來不斷的用功學習。

林先生要我跟孩子講一講，以後如何在大學生活。我上的是佛學學院，又不知道現在大學是怎麼學習的。我想，林先生的意思是讓我跟孩子聊聊，用什麼樣的態度和方法面對人生和世界。

現在的大學，已經成為孩子往成人過渡的一個橋樑了。大學畢業後，就要面對社會，獨自在社會上發展了，所以，大學階段如果沒有形成完整和正確的對生活的認識、態度，那麼走入社會也會非常不適應。現在不是有很多大學生，畢業之後產生失落感和不適應的現象嗎，我想那是在大學裡只注意學習知識，而不注意讓自己更有智慧。

我告訴小林，佛家的智慧不是聰明不聰明，而是對世界的一種認識，是一種面對宇宙時自身具備的能力。

它包含了很多，比如對待困難，對待人生得失，對待看不清楚的社會現象，當然，也包含著一個人的人生態度，是不是寬容、大度、善良等等。

在大學中，其實最需要學習的就是智慧，要明白書本裡的知識是可以補課的，而智慧是不可以後來補充的。

很多人不明白這個道理，成了小書呆子。那麼，有了知識又能怎麼樣呢，他不會利用知識去做事，更不知道知識學過了之後能做什麼。這就是沒有智慧的人生了。

我告訴小林，在大學的時候，看書一定要博雜，想看什麼，對什麼感興趣，就去看。

要知道，工作之後是沒有那麼多的時間看書的。另外，在大學的時候，一定要多參加社團活動，多交朋友。參加社團活動，可以讓自己見識更多的生活方式，理解更多的生活觀念，對人性和人生的無常，理解得會更深。

這樣做的好處，是驅除內心中的暴戾、驕傲，當你不明白的事情越多，你的人生就越有收穫。而一個書呆子，只是知識越來越多，但內心的自滿、狂傲和對社會現象的武斷理解，是不能成就人生的。

那麼，智慧從什麼地方來呢？

不是天生的，天生的是聰明，是慧根，可要真的有智慧，是要靠每個人在實踐中獲取。

多接觸一些人，哪怕是壞人，也會更明白人性的複雜，會思考人為什麼會做錯事。多做一些事，了解其中的辛苦，分析一下其中的得失，思考一下人生為什麼有那麼多的苦。這不都是智慧嗎？

越早成就自己的智慧，對人生越有好處。當然，智慧不是一天兩天就能得到的，它需要一輩子的修行。我說的早，不是早日完成的意思，而是要早日去做。

PART. 2 佛法

一生都要這樣沈迷下去嗎？

最近忽然迷上了網路，一天不上網看看，就覺得缺了點什麼似的，好像有什麼事沒做一樣，會有不太舒服的感覺。

網路真的很神奇，有很多千奇百怪的東西，也有很多正經八百的內容，同時也充斥著亂七八糟、甚至不堪的東西。

本來我對這些是一概不知的，第一次上網根本找不著門路，幾乎是被滑鼠帶到了網路世界。當我一點點地接觸到了『衝浪』、『潛水』、『菜鳥』，還有什麼『ＰＦ（即佩服）』等等網路用語時，才逐漸明白了為什麼會有那麼多人迷戀網路，迷戀這個比塵世更加虛幻的世界。

即使我覺得自己開始迷網路，但對於龐大的網路世界來說，我仍然只是一個門外漢、一個新手。

更重要的是，當我意識到自己開始有些沈迷網路的時候，我覺得這並不是一件好事，而且，絕對是一件值得注意和警惕的事。

其實說是沈迷，看起來更像是我個人的一廂情願而已，同別人相比，我所謂的沈迷充其量只能算是一種在門外的徘徊而已，因為除了瀏覽一些網頁、看看新聞、看看最近又出現了什麼奇聞軼事之外，我不會玩什麼網路遊戲，也不大擅長各種版本的聊天，所以，真正吸引我的，恐怕只是通過網路所帶給我的新奇感而已。

然而，即便如此，上網仍然成了我每天都想做的一件事。有時候在網上待了一段時間之後，連自己都不曉得應該做些什麼了，卻還是捨不得下來，彷彿在大海中溺水的人，除了看著自己身邊的茫茫海水不斷地下沈，沒有任何自救的辦法，甚至連呼救的力氣都沒有了。

一位弟子告訴我，說他最近把自己電腦裡的遊戲程式刪除了。他對自己沈迷遊戲的行為已經忍無可忍，在幾次戒與破的出爾反爾之後，他終於下定決心，再也不玩那些耗時費力卻毫無收穫的遊戲了。

我知道這次他一定可以做到的，因為他已經明白了遊戲的本質和真實生活之間的巨大落差，而遊戲不過是遊戲而已，代替不了真實、正常的生活。

人生，算來算去，活到八十歲也就三萬多天而已。三萬多天！是啊，原以為一生很漫長，似乎永遠不會到盡頭，可是卻只有三萬多天，與想像中那種漫長的一生相比似乎又太短了些吧，那麼人生的每一天都應該是彌足珍貴的吧。

可是，如果去掉必要的睡眠時間，生命的大半又是怎麼度過的呢？總不能就是聊天、上網、玩遊戲、發呆……

我聽說，很多人似乎都有些迷戀網路的傾向。有些人因為工作性質的緣故，需要經常面對電腦裡的網路世界，結果回家之後，還是會習慣性地撲向電腦，即使經常在電腦前發呆，卻還捨不得離開，一直待到睏了，不得不離開了，才戀戀不捨地關了電腦。

其實，沈迷的本身意味著一種依賴。

每個人依賴的物件雖然不同，但很多是通過電腦、網路和遊戲來實現自己的依賴，讓自己的生活好像顯得更充實和豐富多彩一些。可是事實上，這樣的依賴是建立在虛擬的網路世界的依賴，不可避免地會在現實的衝擊下，成為一個又一個破滅了的肥皂泡泡，最後消失得無影無蹤。

我在心裡為我的弟子加油，希望他能夠堅持住，不要被一個又一個的虛妄所引誘；同時，也在心裡默默地告誡自己，不可沈迷，不可沈迷！

前世的五百次回眸

在網路上看到了一個故事，覺得還不錯，叫作〈前世的五百次回眸，才換來今生的擦肩而過〉。

有個年輕美麗的女孩，出身豪門，家產豐厚，又多才多藝，日子過得很好。媒婆都快把她家的門檻給踩爛了，但她一直不想結婚，因為她覺得還沒見到她真正想要嫁的那個男孩。

直到有一天，她去一個廟會散心，於萬千擁擠的人群中，她看見了一個年輕的男人，直覺那個男人就是她苦苦等待的人。可惜，人太多了，她無法走到那個男人的身邊，於是就這樣眼睜睜地看著那個男人消失在人群中。後來，女孩四處尋找那個男人，但一直也沒有找到那個人。

女孩每天都向佛祖祈禱，希望能再見到那個男人。她的誠心感動了佛祖，佛祖顯靈了：『妳想再看到那個男人嗎？』女孩說：『是的！我只想再看他一眼！』佛祖：『那妳要放棄妳現在擁有的一切，包括愛妳的家人和幸福的生活。』女孩說：『我能放棄！』佛祖說：『妳還必須修鍊五百年道行，才能見他一面。妳不後悔嗎？』女孩堅定地說：『我不後悔！』

於是，女孩變成了一塊大石頭，躺在荒郊野外。四百多年的風吹日曬，苦不堪言，但女孩都覺得沒什麼，難受的是這四百多年都沒看到一個人，看不見一點點希望，這讓她都快崩潰了。最後一年，一個採石隊來了，看中了她的巨大，把她鑿成一塊巨大的條石，於是，女孩變成了城裡一座石橋的護欄。就在石橋建成的第一天，女孩終於見到了那個她苦苦地等了五百年的男人！他行色匆匆，像有什麼急事，很快地從石橋的正中走過。

男人又一次消失了，再次出現的是佛祖。佛祖問她滿意了嗎？女孩說：『不！為什麼我只是橋的護欄？如果我被鋪在橋的正中，我就能碰到他，我就能摸他一下！』佛祖：『妳想摸他一下？那妳還得再修鍊五百年！』女孩說我願意！『妳吃了這麼多苦，不後悔？』『不後悔！』

於是女孩變成了一棵大樹，立在一條人來人往的官道上，每天都有很多人經過，但希望卻一次次破滅。如果沒有在這之前的那五百年的修鍊，女孩可能真的要崩潰了！日子一天天的過去，女孩的心逐漸平靜了，她知道，不到最後一天，他是不會出現的。

又是一個五百年啊！最後一天，女孩知道他會來，但她的心中竟然不再激動。來了！他來了！他還是穿著他最喜歡的白色長衫，臉還是那麼俊美，女孩癡癡地望著他。這一次，他沒有急匆匆的走過，因為，天太熱了。他注意到路邊有一棵大樹，那濃密的樹蔭很誘人，休息一下吧，他這樣想。他走到大樹腳下，靠著樹根，微微地閉上了雙眼，他睡著了。

女孩摸到他了！他就靠在她的身邊！但是，她無法告訴他，她為了他而積蓄的這千年的相思。她只有盡力把樹蔭聚集起來，為他擋住毒辣的陽光。千年的柔情啊！男人只是小睡了一刻，因為他還有事要辦，他站起身來，拍拍長衫上的灰塵，在動身的前一刻，他擡頭看了看這棵大樹，又微微地撫摸了一下樹幹，大概是為了感謝大樹為他帶來清涼吧。然後，他頭也不回地走了！

就在他消失在她的視線的那一刻，佛祖又出現了。『妳是不是還想做他的妻子？

那妳還得修鍊……』女孩平靜地打斷了佛祖的話：『是很想，但是不必了。』『哦？』『這樣已經很好了。愛他，並不一定要做他的妻子。』『哦！』女孩又問：『他現在的妻子也像我這樣受過苦嗎？』佛祖微微地點點頭。女孩微微一笑：『我也能做到的，但是不必了。』

就在這一刻，女孩發現佛祖微微地嘆了一口氣，或者是說，佛祖輕輕地鬆了一口氣。女孩有幾分詫異：『佛祖也有心事麼？』佛祖的臉上綻開了一個笑容：『因為這樣很好，有個男孩可以少等一千年了，他為了能夠看妳一眼，已經修鍊了兩千年。』

一個帶著浪漫色彩的美麗小故事，帶給人們的也許只是一種同樣可以美麗一下的心境。但當你回味它時，你會發現，一個小得不能再小的故事中，同樣蘊涵著很多生活哲理，而這些生活哲理，也許可以幫助我們度過生命中最難的日子，成為我們潛意識中的支柱。

前世的五百次回眸，才換來今生的擦肩而過！這與我們古老的一句諺語似乎有著異曲同工之效：『千年修得同船渡，萬年修得共枕眠。』真的希望人們都能夠看看這樣的故事，善待自己身邊的愛人，因為你們可能是前世修了數百年，甚至千年、萬年，才換來了今世的相識相知、相親相愛！今世能夠相識，已是緣分，能夠在一起相濡以沫地共度今生，實在是來之不易，更應珍惜。

善待愛人，如同善待自己。因為今世的這緣分，說不定就是你前世苦苦地求來的。善待愛人，善待你自己，善待你相識相遇的眾生，今世的善緣才會成為你的福報，成為你今生幸福的源泉，成為你來世的善因。

不要用別人的錯誤來懲罰自己

在電視裡看到了一個關於青少年如何處理同學關係的節目。有幾個孩子說起了關於謠言的問題。他們說總是有人在自己背後造謠，明明沒有的事，非要說得繪聲繪影，好像真有那麼回事似的，其實根本是件連風和影都沒有的事。甚至有的人根本就是歪曲事實，硬要按照自己瞎想的事情和別的同學亂說。比如說，他今天只不過向同學借了塊橡皮擦，卻偏被人說成自己暗戀同學，想藉機親近。

舉這個例子的小男孩說起這件事時好像還挺氣憤的，說自己為了避嫌，不得不和同學保持距離，而這種尷尬的局面是他和同學都不希望發生的，他們為此感到很矛盾，不知道該怎麼辦才好？說到這裡，小男孩的眼裡泛起了點點淚花，不過，轉了轉，又硬憋回去了。

小男孩的難過感染了我，只不過我們難過的不太一樣。也許他是為了本該友善的同學之情硬生生被自己破壞了，並對於無風起浪的謠言感到無奈和困惑；而我所難過的，則是他的困惑。

謠言，似乎是和人類語言的產生和應用一起出現的。謠言，雖歷來為人所不齒，卻總是一些人的偏愛。古人對於謠言的形容多不勝數，如殺人不見血、人言可畏等等。很多人對於謠言都深惡痛絕，但真正面對謠言時卻又顯得無奈又無力。更不乏一些文人、名人都無力面對謠言，最終選擇了逃避，給世人留下了深深的、永久的傷痕和感慨。

我想，這樣的問題也許是每個人在一生當中都或多或少會遇到過吧！即使像我這樣的佛門中人也不例外。我清楚地知道有人曾說過我的各種謠言和壞話，有一些甚至不堪入耳。剛開始聽到這些時，我也很氣憤、痛苦，我甚至萌生過要找出謠言的製造者，並和他當面對質的衝動。

為了平息憤怒，我不停地念經，一遍遍地問佛祖，我到底應該怎麼辦？雖然佛祖並沒有親口告訴我該怎麼做，但我卻因此得到了平靜和安寧。我知道，對於謠言，也許無視其存在就是最好的做法。這不是無奈，而是當它不存在，確切地說，既然是謠言，它所傳播的當然就是不存在的東西，我們又何必為了不存在的東西而生氣或焦慮呢？否則這不就等於是用別人的錯誤來懲罰自己?!

古人說，謠言止於智者。

如果，你也遇到了謠言，讓你頭疼、讓你心痛，記住！不要害怕，不要憤怒，也不要覺得無可奈何、失望。不妨想想如何做一個止住謠言的智者，讓謠言在現實中不攻自破。如果，每個人都能做個聰明的智者，那麼謠言就會像水面上的泡沫，永遠不能興風作浪。

不要把渾沌逼上梁山

有一個小故事，說是很久很久以前，世界的南邊由南帝管理，北邊由北帝管理，南北的中間則是渾沌。

渾沌待人友善，一日南帝、北帝至渾沌處作客，受到渾沌的熱情招待。不過，南帝和北帝看渾沌渾渾噩噩的樣子，便商量著要一起幫渾沌打通天眼。於是，南帝與北帝合力，一天幫渾沌打通一竅，到了第七天，渾沌七竅都被打通了，可是渾沌卻死了。

故事看到最後，心裡莫名地一緊，似乎那死去的不只是渾沌而已，還有太多與渾沌相似的淳樸的東西，也隨著渾沌生命的結束一起消失了。

或許南帝和北帝都是出於好心，不想讓渾沌再渾渾噩噩，可是，他們卻忘了，如果渾沌是澄明透亮條理分明的話，那麼渾沌也不再是渾沌了。所以，當渾沌的七竅被打通以後，渾沌只能死去，不復再活。

一個帶有神話性質的小故事，卻讓我不由自主地想到了人。

有時候，我們很習慣用自己的想法去左右別人，用自己的標準去衡量別人，而很少能做到真正站在別人的立場上重新、仔細而且全面地思考事情。當我們以為自己出於一片善心，全是好意，可是卻給別人帶來了麻煩，給人家幫了倒忙。好心辦壞事，說的不就是這個意思嗎?!

所以很多時候，清楚有清楚的好處，渾沌也自有渾沌的用處。何必用自己的標準去要求別人，而非要把渾沌逼上梁山呢？

重生

重生或許也算是人類一直以來未曾實現的一個夢想吧。

古代埃及的法老王們把自己死後的屍體製成木乃伊，並且建造了舉世聞名的金字塔用來放置，就是為了有一天能夠在適當的時機重生。

重生，也算得上是對紅塵的一種留戀的表現吧？為了再次回到這個世上，人們想盡了各種各樣的辦法，從古至今，似乎從未間斷。可是真正實現了重生的人，又有幾個？

這樣說，是因為目前還有一些現代科學解釋不了的現象。比如我就聽說過有一個人生下來就會說話，並且不斷重複著述說自己的『身分』，說自己是三十年前被殺害的人，他本來有妻子也有兒女。人們對他所說的話大感驚訝，便好奇地根據他的說法去查詢，不料竟全部吻合。

當他十七歲的時候，他終於回到了他記憶中的家，和今世未曾見過面卻是前世的老鄰居們打招呼，說著前世那人常說的口頭禪，甚至還清楚地記得一些他和某人之間的秘密。

人們解釋不了這種現象產生的原因，只能驚奇著等待科學的進一步發展，來解開這個世上太多的未解之謎。

對於人類來說，想要重生可能很難，尤其還要保留著記憶重生，在歷史的記載中，幾乎就沒有什麼成功的先例。少數出現的現象，也只能當作是一種偶然，無法作為常規的事例去研究。

如果不用佛教的六道輪迴來解釋，僅用現有科學的方法去看待重生的話，那麼人類最終得到的恐怕只能是失望。

於是，人類把重生看成一種希望，並把這種希望保留在各種文字當中，音樂當中，電影當中，還有人類自己的夢想當中。

忘了是什麼時候看到的這則小故事了，故事中說，阿爾班鷹是一種生活在墨西哥的老鷹，一般阿爾班鷹只能活到二十五歲，主要是因為當牠的生命到了第二十五個年頭的時候，阿爾班鷹的爪子會開始老化，無法有力地捕捉獵物。牠的喙會變得又長又彎，垂到胸脯的位置，牠的翅膀會長出又密又厚的羽毛，讓牠的雙翅變得沈重難以飛翔。

此時的阿爾班鷹只有兩種選擇：一種是等死，另一個選擇是要經歷一次痛苦的過程才能重生。

如果想重生，牠必須獨自飛到山頂，在山的高處寂寥地準備重生。那是一個漫長而可怕的過程，想重生的阿爾班鷹要忍受莫大的痛苦和劇烈的身體創傷才行。

重生的第一步就是要除去老化的喙。阿爾班鷹用頭抵著粗糙的岩石，在石壁上一次一次地摩擦喙，直到將喙皮完全剝離，這時牠已經完全無法進食，只能憑藉體內僅餘的少數能量來支撐生命，在痛苦的煎熬中慢慢等待。

幾個月後，新的喙慢慢會長出來，這時牠將開始重生的第二步。待新喙長出後，牠便用恢復了力氣的喙將爪子上老化的趾甲一根根地拔掉，鮮血會一滴滴灑落，接著又是一番等待……直到阿爾班鷹在痛苦中長出了新趾甲，此時牠還必須再熬過一關：用新長的爪子將羽毛一根根拔掉，然後再繼續等待羽毛生長……

終於，阿爾班鷹重生了。新的喙、新的爪子、新的羽毛。再生的阿爾班鷹又可以再活二十五年！

一隻鷹的重生都要經歷一段那麼痛苦的磨礪，不但要忍受，還要面對著隨時可能失去生命的危險，那麼人的重生也應該會經歷更多更大的痛苦和更驚更險的難關吧！

沒有任何條件的愛

曾看過一篇文章裡寫，一位女子進入一家商店大門的時候，因為後面跟了一個頭髮花白的老者，因此便一直撐著沈重的大門，直到老人通過後才鬆開了手。老人表示滿心的感謝，而那位女子只是說：『我爸爸和您的年紀差不多，我只是希望當他遇到這種情況的時候，也有人這樣為他開門。』

中國有著相當悠久的傳統和美德，也一直提倡『老吾老以及人之老，幼吾幼以及人之幼』的道德風範。對於世人來說，確實應當如此，只有把所有的老人當成自己家裡的老人一樣尊敬的時候，才是對老人真正的尊敬，也才是真正的孝；只有把所有的孩子都當成自己家的孩子一樣愛護的時候，才是對孩子真正的愛。

只是，實際上，能做到這種真正的愛並不容易。人們還是從心裡區分著人與人之間的關係、距離、親疏、遠近。

一個朋友曾和我討論人世間的情愛。當他說到他愛那個女孩兒的時候，他的眼裡有光彩，在他的想法中那個女孩兒長得漂亮，身材也很好，性格開朗大方，而且知書達禮，簡直就是個完美的女人。

我問他：『你真的愛她嗎？』

『愛，真的愛，很愛她，』他很肯定地回答，並且說：『我要娶她為妻，還要給她一輩子的幸福。我甚至願意為了她而犧牲我自己。』

我相信他在這一刻所說的全是他的真心話，他想要實現的幸福生活。

『可是，如果她長得不好看，身材也不好呢？你還會愛她嗎？』

他認真地想了想：『會吧。』

儘管答案還是肯定的，然而語氣中已經多了猶豫和遲疑。

我並不是想考驗他的感情，因為人的感情是不能考驗的。

尤其是愛情。

我只是想告訴他，其實人與人之間的感情，都是有條件的，世人的愛也是有條件的。而有條件的愛，並非真愛。你以為自己是真的愛了，但再一細想，你的愛仍然基於世俗的衡量標準，仍然跨越不了世俗對於情愛觀念的鴻溝。

我覺得，只有佛陀對於眾生的愛才是真愛，這種沒有任何條件的、無私的、無償的、法力無邊的真愛，才是寬容的、包容的，可以容納眾生的大愛。

如果世人能從老吾老以及人之老，幼吾幼以及人之幼做起，時常告訴自己什麼樣的愛才是真正的愛，什麼樣的愛才是寬廣的、包容萬物的真愛，相信有一天，一定也會具有如佛陀般的智慧，和大慈大悲的胸懷。而這，正是佛陀希望看到的結果，眾生皆可成佛。

佛祖心中坐

有人問了我一個問題：『你真的是活佛嗎？那你為什麼要留在城市中而不在西藏的廟裡修行呢？』

這真是個老問題，時常有人這樣問我，或者以懷疑的眼神看我、審視我。有著這種想法的人，無論是否對我說出來，從他們的眼神裡都能看得出來。

我知道他們在擔心什麼，就像我知道自己在做什麼一樣。

在世人的眼中，儘管可能並不十分清楚一個西藏的轉世靈童、轉世活佛到底是怎麼回事，但他們總覺得活佛既然也叫『佛』，自然是應該出入寺廟而非俗世之中。對於他們而言，更不可理解和想像的是，一個活佛不但不在寺廟中修行，反而在俗世中行走，還可以吃肉，可以留頭髮、穿時尚的衣服，如果不認識我，會認為我簡直與一般年輕人沒有什麼區別。

我太明白人們的這種疑慮了，這與他們心目中傳統的僧人形象是完全不同，也是格格不入的。殊不知我是一個轉世活佛，並非僧人；活佛既不是世人所說的在家修行的居士，也不是寺廟裡的僧人。活佛就是活佛，但又絕非活在人間的佛，活佛只是比常人更接近佛而已，而且活佛是轉世活佛，所以一出生就是肩負著使命的人。

我就是這樣的一個活佛。我有我的使命，也有我自己的選擇，雖然我可以穿著時尚的衣服出入一般場所，雖然我還有弟子之外的眾多社會上的朋友，但我此生就是一個轉世靈童，一個肩負著弘揚佛法與幫助世人尋求幸福重任的轉世活佛。無論世人看我的外表如何，我的心裡始終有佛祖端坐。

記得大概是在我上小學的時候吧，有一個演濟公故事的電視劇，其中的歌詞和曲子我到現在還記得大概：

鞋兒破帽兒破，身上的袈裟破，你笑我他笑我；

一把扇兒破，南無阿彌陀佛，南無阿彌陀佛

……

哪裡有不平哪兒有我，哪裡有不平哪兒有我！

……

酒肉穿腸過，佛祖心中坐……

一個穿著破破爛爛的衣服、手裡搖著一把破扇子、整天笑嘻嘻看似瘋瘋癲癲的濟公，卻是個大慈大悲度人無數的活菩薩。雖然他照樣喝酒、吃肉，但他依然是百姓心中的佛，因為濟公心裡有佛，而且他心裡的佛最終也使他自己成了佛。

對於我來說，穿著和打扮是在社會中行走所需要的，但是就像人們所記住的濟公永遠是破衣爛衫的形象一樣，那些表面的東西永遠代替不了內心中的本質；再多的酒肉穿腸而過，佛祖照樣還在心中坐！

我雖然不在西藏的廟裡修行，但只要我心中有佛，我坐在哪裡、站在哪裡或躺在哪裡都可以修行；我雖然不穿僧衣，但無論我穿什麼樣的衣服，我的心裡都有佛；我的頭髮雖然比普通僧人來得長，但那並不影響我對心裡的那尊佛頂禮膜拜；我雖然和眾多的世人交談、打交道，談論各種不同的話題，但我心中始終希望他們都能夠一心向佛，並能從我所指引的路中找到通往極樂世界的方向。

對於別人投來的各種各樣的目光，尤其是異樣的、帶著懷疑的目光，我幾乎從未刻意地去解釋什麼。如果他是有心人，他早晚會發現我的確是個真正的活佛，即使穿得再普通，打扮得再世俗，我骨子裡總有活佛的本色，因為我始終是個心裡有佛的人；如果別人出於其他的想法而蓄意地這樣做的話，那麼我的解釋是無用的，也是毫無意義的。

因為心中有佛，僅僅是幾年的時間，我已經可以消除許多原有的毛病，盡量去掉貪嗔癡怨憎會，即使偶爾遇到一些不開心的事，情緒上受到影響，我也會保持冷靜，以平等心平常心來對待世事。如果遇到了比較大的事情，我也會時刻想著心中的佛，讓自己盡量以一個成熟的轉世活佛的身分來對待和解決這些事。

我知道，我的成長成熟，以及今後的所有發展都基於一點，那就是佛。我心中的佛總會給我指出正確的方向，而我也會把這條正確和光明的路指給世人。

有佛祖在自己心裡端坐，此生幸矣！

修來世，亦修今生

遇到了一個對我說話真是很不入耳的人，雖然我知道他並無惡意，但他的話還是讓我覺得挺難過的。不是因為他有些懷疑我的身分，而是因為他對佛的不懂以及話語中透露出的不敬。

他是一個真正白手起家的生意人，他所擁有的財富都是憑藉著三寸不爛之舌、頭腦以及辛勞得來的。所以一旦說起自己今天的成就，他還是相當得意。可能也正是因為這份自信和驕傲吧，他看不起一般人，而能夠讓他打心裡佩服的人也並不太多，他常說，即使是一些世界頂尖的超級富豪，也不一定能讓他看在眼裡。

我雖然不喜歡他說話的方式和態度，但卻能欣賞他的頭腦和他的自信。

因為對藏傳佛教的無知，使他對我的身分雖充滿了好奇，卻帶著懷疑，他甚至覺得我根本就是打著活佛的旗號來騙人的。我並不在乎他這樣想，因為我知道我並不是他所想像的那種人，是活佛就是活佛，不會因為誰的某些懷疑就可以改變得了。

但是讓我傷心的是他對於佛教的嘲弄。

他說佛教總是教人們向善，可是你看這世界，未必都是好人有好報的。雖然都說是善有善報，難道這善報非要等到下輩子才能享受到嗎？誰知道人是不是還有下輩子，不如這輩子及時行樂吧，至於下輩子，這種騙人的說法就當是自我安慰，姑且充作阿Q似的精神勝利法吧！

我很嚴肅地告訴他，佛法，不只修來世，也修今生。如果你不理解佛家所講的因果報應、因緣聚會，那只是你自己的悲哀；對於自己未知的事物，你怎麼能盲目地就下結論了呢？

你做生意也要講究知己知彼吧，萬事都是這個道理，你了解了才有資格評論，否則，盲目評論的結果必然導致錯誤。你此生已錯了，難道連來世也要一直錯下去嗎？你不相信這些也可以，但有兩點勸你要記住：一是一心向善，不做昧良心的事，也不賺昧良心的錢。二還是要一心向善，就算你不信這些，向善的心必然會給你帶來一種向善的生活，即使在無知中，也照樣可以修你的今生和來世。

他似乎開始在思考我所說的話了，但無論他能否理解這些道理，我覺得佛法就是佛法，佛法不會因為你的了解或誤解而存在或消失，就如同佛祖始終存在，但你未必感覺得到一樣。

走不走在你自己

印度北方有一個叫作舍衛城的都市，佛陀有一個供大眾內觀及聽聞說法的中心。有一位年輕人每個晚上都會來聽佛陀說法，如此過了好多年，年輕人卻從未將佛陀的教導付諸實行。

數年後的某個晚上，年輕人提早到了，發現只有佛陀一個人，便走向佛陀說：『佛陀，我心中常常生起一個疑問！』

『哦？在法的道路上是不應該有任何疑問的，讓我們來釐清它吧，你的問題是什麼呢？』

『佛陀，這麼多年來，我一直來您的內觀中心。我注意到在您的周圍，有許多出家的比丘、比丘尼，還有為數更多的在家居士，或男、或女。其中一些人已經持續地來您這兒好幾年了。我可以看出，有些人確實已達到了最終的階段，相當明顯地，他們已全然解脫了。我也看到有些人的生活確實獲得改善，雖然不能說他們完全地解脫。

『但是佛陀啊！我也看到很多的人，包括我自己在內，還是跟以前一樣，有些時候他們甚至更糟，他們一點都沒有改變，或者是他們並沒有變好。為什麼會這樣呢，佛陀？人們來見您這樣一位偉大、全然覺悟、如此有力量又慈悲的人，您為什麼不用您的法力與慈悲，讓他們全都解脫呢？』

這是我第四次仔細地閱讀這則故事了。

我很喜歡這則故事，因為這裡面所講的道理的確是通俗易懂的，但實際卻又是相當深奧的。

或許，很多人都曾有過像那年輕人一般的疑惑，既然你是佛陀，既然你是得道高僧，既然你要度人度眾生，帶眾生脫離苦海，為什麼不直接用自己的法力和慈悲讓眾生都得解脫呢？

這個問題以前也出現在我的身邊，也有人問過我同樣的問題。我還清楚地記得那位弟子，那位虔誠的弟子問出這個問題時滿眼的困惑，想來這問題已經困擾他很久了吧。我只能告訴他，凡事還是要靠自己，你自己心裡對於佛的理解和感悟是任何人都代替不了的，就像另外一個小故事中講，兩位學禪好友結伴參訪行腳，一人嫌辛苦，另一人安慰道：『我們發心出來參學，半途放棄實在可惜，不如這樣，從現在起，一路上我可以替人做的事，一定都為你代勞。但有五件事我幫不上忙，那就是穿衣、吃飯、屙屎、撒尿、走路。』

其實這是非常淺顯的道理，但卻不是每個人都意識得到。有人說，要得到真理總是會讓你傷痕累累，看來想要真正認識清楚一個真理，還是需要經過一些磨練的。

佛陀並沒有直接回答那個年輕人的問題，而是反問他住在哪裡。並且接著問他，如果有人向他問路，他會怎麼做？

年輕人毫不猶豫地說：『當然是盡數相告。』

佛陀又問他，會不會對問路人有所保留呢？

年輕人肯定地回答不會。

這時佛陀又問：那麼是不是每一個問你路的人都會到達目的地呢？

年輕人說，那就不一定了，得看他們自己怎麼走啊！

每當看到佛陀反問年輕人的那些話，我總會情不自禁地微笑。

道理和真理其實就在人們身邊，只是人不自知而已。

『這就是我想向你解釋的啊，年輕人！人們來見我，因為他們知道，我已經走過從此岸到涅槃的道路，所以對這條路線非常熟悉。他們來問我：「什麼是通往涅槃，通往解脫的道路？」而我有什麼好隱瞞的呢？我很清楚地跟他們解釋：「就是這條路。」如果有人只是點點頭說：「說得好，說得好，真是一條正道。」可是一步也不踏上這條路，心裡知道：「真是一條絕妙的正道啊！」可是卻不肯費勁去走完這條路。

『那麼這樣的人怎麼可能到達最終的目標呢？我不會把人扛在我的肩上，帶他到最終的目標。沒有任何人能把人扛在肩上背到最終的目標。

『基於愛與慈悲，他頂多會說：「就是這條路，我就是這樣走過來的，你也這樣做，也這樣走，你就能達最終的目標。」

『但是每一個人都得自己走，自己走這正道上的每一步路。如果你往前走一步，你就接近目標一步；如果往前走一百步，就接近目標一百步；如果走完了全程，就到達了最終的目標。你得自己走這條路。』

佛陀的話總是樸實而蘊涵真理。佛陀說：你也可以這樣走，我給你指路了，而且肯定是我所走過或我所知道的最好、最光明的路。我告訴你了，你可以這樣走，這樣走就能到達那光明的所在，但走不走，在你自己。

要常回頭看過去的自己

『那時候，你給我寫來一封信，又寫來一封信，那些美麗的語言使我的臉發燙，使我的眼睛發亮，使我的心像初春的小鳥……

『那時候，我們一同隨大人出海，迎著那清涼清涼的海風，望著那碧綠碧綠的大海，真教人高興……

『有一次，我們倆一起攀登孤峰山，汗水淋淋，衣服濕透，趕到山頂，天色已晚，我們又摸黑下山，回到家已經半夜……』

一篇文章裡，作者寫著對過去日子的懷念和追憶。過去的日子對我們而言，不容易忘記，也不應該忘記。無論那段日子是喜多還是悲多，也不管那段日子是富裕還是貧賤，走過的日子就是我們自己的經歷，如同樹木的年輪，刻劃下來的就是自己。而有，總是好的。

與空白相對。

我常想，人在世間行走，到底為的什麼？是那人世間的名和利？還是紅塵中的情和愛？或許，都不盡然是。

人常常以為，過去的自己是傻的，如同站在五十步開外的距離回頭看那段並不遙遠的距離。

於是，我想起了另外一個故事。

漁夫在船上懶洋洋地曬太陽。一名遊客問他，為何不出海打魚？

漁夫反問：『為何要出海打魚？』

『為了多捕些魚，可以賺更多的錢啊！』

『為什麼要多賺錢呢？』

『賺了錢就可以做更大的生意，賺更多更多的錢了。』

『那又能怎麼樣呢？』

『那樣你就可以買豪宅、名車，可以悠哉遊哉地享受生活了。』

『我現在不是正在享受生活嗎？』

人常常在追逐中忘記了自己的初衷，在不斷追逐的過程中誤以為那些生活中附加的東西才是自己為人的根本。如果世人都有漁夫的這種睿智，或許就不會那麼容易忘記過去了。因為不斷撿拾過去的日子，會讓你不由自主地想起自己最初的本意，並在不斷偏離這種初衷的軌道上自責和矛盾。而這種自責和矛盾是痛苦的，至少是一種人在迷途中的清醒劑，讓人在和過去的日子對比時，會發現自己正在走向貪欲的深淵。

過去的日子和現在的生活，亦如你的前世和今生，你應該知道，什麼是你的因，你才會因此而得了這樣的果。因緣不是天定的，而是你自己種的。不忘過去的日子，便總會在你匆忙奔跑的腳步中提醒你，種下你的因，才能得到你的果；你想要什麼樣的果，只要看看你過去的日子，便可一目了然。

錢是萬惡也是萬能

佛陀在世時，每天實行乞食的生活，阿難是佛的隨身侍者。有一次，佛和阿難又去乞食。走到中途一條水溝旁的時候，佛忽然回頭對阿難說：『阿難！毒蛇！』阿難上去一看，就說：『毒蛇！世尊！』他們就走過去了。

那時，有父子兩人在田間工作，聽說有毒蛇，就跑過來看看。不看也罷，一看，兩人有說不出的歡喜。哪裡有毒蛇！溝旁土裡所露出的是一罈黃金。於是父子倆歡天喜地的，把黃金搬回家去了。

得到了黃金怎麼辦呢？於是就取一塊去金鋪裡兌換。金鋪老闆見他們是窮人，心裡起了懷疑，暗地裡去報告官府。一會兒，官差便把父子倆捉走，再到他們家裡去搜索，收藏的黃金便被查了出來。後經再三審問，父子被判定了盜取國王財物的罪名。因為當時是波斯匿王時代，法律上說：『凡藏於地下的，都歸國王所有。』這父子兩人，就以這個罪名而被判處死刑。

在刑場上，父親忽然想起了佛陀的話，對兒子說：『阿難！毒蛇！』兒子一想，比丘說得真不錯，現在是為黃金毒蛇所害而要死了，也就望著父親說：『毒蛇！世尊！』監斬的是一位佛弟子，聽了他們的話，覺得稀奇，就去報告波斯匿王。王聽了，要父子兩人回去，問他們這兩句話的由來，他們於是把早上在田間遇到的事情訴說一番。國王知道這是佛與阿難說的話，便對他們說：『這是佛的開示，現在你們信不信佛的話呢？』父子回答說：『真是毒蛇，害得我們喪失生命，怎麼還不信呢！』波斯匿王因他們信佛，就把他們釋放了。

這是《阿含經》中的一個故事，提醒世人對於金錢應有正確的看法。

從古至今，人們對於金錢的看法總是不同。有人認為金錢是萬惡的，擁有和渴望金錢會使人墮落、作惡，甚至喪失生命。也有人認為金錢是萬能的，連閻王爺身邊的小鬼也抗拒不了金錢的誘惑。有人認為金錢是糞土，還有人認為只要把財富應用得當，就會大有利益。

我覺得，金錢也許就如佛陀所說的是毒蛇，但就是毒蛇也有毒蛇的用途和好處，關鍵在於正確的對待和使用。

人性的貪婪使得古今中外都有人不停地淪為金錢的奴隸，而在金錢的誘惑和驅使之下，更有很多人成為金錢的犧牲品。金錢，只是等價交換的產物，一種符號和工具而已。任人類的智慧和尊嚴為工具所踐踏，於心何忍？於理何在？

有人疾呼：錢雖然不是萬能的，但沒有錢卻是萬萬不能！的確，沒有錢，衣食住行無所依賴，生活便失去了最基本的保障。但即使如此，也應該正確地看待金錢，千萬別因為自己的貪念，變成了守財奴，成了金錢的奴隸。

I believe I can fly.

我喜歡這句英文：『I believe I can fly.』

直譯就是『我相信我能飛』。

最初聽到這句話是從一首英文歌裡聽到的。在一個很偶然的機會裡，我不得不重複地聽到了這首歌。當時從那曲調和唱腔中感受到了一股急欲實現夢想的衝勁，後來這句話經常浮現腦海，並不時的激勵著自己；同時我也希望能夠帶動身邊的信徒、弟子和朋友們，都能和我一樣喜歡並明白這句話裡所包含的意思，並且讓他們產生衝勁和前進的動力吧！

幾千年前，我們的老祖宗想盡方法希望能夠飛上天空，也許並沒有打開眼界縱觀全球的想法，而只是一種單純的嚮往而已。後來，人們把自己的想法不斷地進化，從紙風箏發展到滑翔機、熱氣球等等，這些雖然簡單卻是滿載著人類夢想的機器，無疑給人類提供了一次又一次親近天空的機會。

飛機、火箭、太空梭的發明，曾讓人類產生已經征服太空的錯覺，可是事實上，當人們把自己的視野從千年前的嚮往，發展到了今日的廣闊程度之後，卻發現人類想要飛上太空、外太空的夢想依然那麼強烈，人們對於擁有飛翔的翅膀，仍然存在著那麼強烈的渴望。

我相信我可以飛起來，不是身體像鳥一樣飛翔，而是心靈可以自由自在地翱翔天際。我喜歡那種對未來一直有夢想、有信心的感覺，無論生活中的困苦有多少，那顆追求夢想和熱愛生命的心卻不應該有任何損害，畢竟，那可以是一個人最堅強的精神支柱，指引每個人奔向自己渴望的幸福。

難過的時候、悲觀的時候，也可以試著對自己說：『I believe I can fly.』絕對會有提升心靈層次的作用！

朝聞道，夕死可矣

朋友從西藏回來，還未進家門便先到了我這裡。來不及放下背包，便開始急切地講起他在西藏的這一路見聞。尤其讓人印象深刻的是他在西藏去朝拜的路上所見到的虔誠的朝拜者。

我從家鄉到全國各地再到國外的佛教寺院修習佛法，見到世界各地的人對佛的虔誠朝拜，但我始終覺得，家鄉的人的虔誠以及篤信佛教的範圍之廣在全世界堪稱數一數二。

朋友說，他親眼見到了一個苦行僧。

說是僧又不太確切，因為那是一個女人。

說女人也不那麼準確，因為她說自己很小就出家了。十八歲開始隻身雲遊各地，至今已經五年。

朋友並非佛門中人，也非俗家弟子，只不過對宗教比較感興趣而已。在他的敘述中，傳遞了這樣一個想法：人們對於佛教的篤信和虔誠讓他震驚，同時也讓他感動。

他說，那個苦行的女子面容清秀，如果按世俗女子打扮的話，應該算是一位美女了。皮膚原本不錯的，只是由於長年在戶外跋涉的緣故，臉頰的兩側被風吹出了那種自然紅，並且帶著屬於高原地區居民特有的紅暈和粗糙。

最讓他不可置信的是，她竟然是赤腳的行走。她說，她要找到心目中的那個淨土，也就是佛祖告訴過她的極樂世界，因此她要刻苦地修行、修鍊自己，而且自從她開始了這段世界各地的雲遊和苦修後，她就一直是打赤腳的。

她向他們告別，繼續她的旅程。他看著她向遠處的寺院走去，腳下的石頭無一不尖銳，她卻毫不在意地一步一步從上面踏過去，再踏過去，他的心也隨著她的腳步疼一下，又疼了一下。

我從未勸過朋友信佛或是加入佛教，和他交談時也只是停留在生活中的一些具體事情上，即使有分歧，我們也不會因此強迫對方必須接受自己的觀點，而是各自保留著自己的看法，有機會再探討。如果一直沒有什麼結果，那麼便一直探討下去；如果從生活本身得到了答案，那麼，無論我們是對的或是錯的，也都會坦然地接受這樣的結果，因為那是事實。

當我們談起西藏人對佛的那種虔誠、那種篤信，還有在那種堅定的面容下的平靜，朋友感慨：『到今天，我才真的明白了什麼叫朝聞道，夕死可矣！』

佛說，即使眾生只聽到了一句佛號，也是好的！

彼岸

人們總是對未知的事物充滿敬畏。

例如彼岸。

一位剛剛皈依了佛門的弟子問我：『般若波羅蜜是什麼意思？我聽說，般若可以解釋成大智慧，那波羅蜜是什麼意思呢？』

我不想打消他初入佛門想要弄懂一些佛理的積極性，只是婉轉地告訴他，佛講，不可思議。不可思，不可議。不過，如果一定要用世俗的理解來解釋波羅蜜的意思，那就把它看成是彼岸吧！我看他的眼神中立刻充滿了疑惑，以及，敬畏。

彼岸。遙遠而又切近的距離，可望不可即；或者，只是人們理想中那個永遠在前面招搖的極樂世界，一個可以跨入極樂世界的碼頭，一塊進入極樂世界的跳板，一棵引眾生入極樂世界的仙樹。

總之，是未知。

因為未知而讓人充滿好奇，以及各種各樣的幻想，還有目睹及了解的渴望。最好能夠，感同身受，身臨其境才好。

同時，彼岸，因為未知而遭到質疑；因為不可思議而被一些人否認。有誰真正見過那傳說中的彼岸？是否如桃花源般充滿一切美好和幸福？還是只不過是人類的種種臆想而已？世人均說不清楚，因為未知。

可是，能因為人的未知而否認彼岸的存在嗎？

肉眼看不見的細胞終被證實存在，肉眼看不見的質子、中子，各種粒子、纖維都被一一證實存在著，而且實實在在的存在著。它們未被證實存在之前也存在著，只是人們看不見，人們未知而已。那麼，誰又能否認還有比質子、中子更細小的東西存在著，僅僅因為人看不到，因為人的未知就能否認嗎？

當然不能。

彼岸，亦是如此。

即使你看不到那方樂土，你也應該知道，你看不到的東西太多，有太多東西存在著，你看不到，甚至感覺不到。但絕不能因為你的未知就否定了它們的存在。何況，佛陀早已明示眾生，存在，你可以慢慢地去感知。

也許有一天你就會發現，雖然你的身體仍在此處，然而心卻已接近了彼岸。但也只是接近而已。當你真的到達了彼岸，你會不會再回過頭來告訴眾生，真的有彼岸的存在？會的，一定會的！只是眾生執迷不悟而已。

我知道，有那彼岸的存在。也許諸佛皆會在彼岸等你，等著接應你來西方的極樂世界。但你能否真的到達彼岸，則在於你自己。若因為未知而敬畏的話，是好事；但若因為敬畏而畏首畏尾，則得不償失。

當世人在紅塵中遊走，就如同渡一條長長的河，何時才能遊到彼岸，那要看你自己的造化。你是否看到了諸佛在彼岸等你？那也是你，或是眾生的造化。

彼岸，可能就在我們的心裡。

麻醉自己不是根本的解決辦法

我總覺得自從她未出世的小生命早夭之後，她有酗酒的傾向。雖然她喜歡聽我講生命的種種輪迴，聽的時候眼裡總是有淚，但她從來不說話，也不問什麼。

當我知道她因為意外而使自己滿心盼望了許久的孩子流產之後，我似乎更明白她眼中的疼痛，還有那淚水掩蓋下麻木般的悲傷。

她的丈夫為此也是愁眉不展，雖然也為自己那未出世的孩子而感到痛心，但他更不願意看到的就是她的悲傷，而且那種深切的悲傷還帶著無限下墜的趨勢，他為此幾乎一籌莫展，只能一一應允著她的種種要求，並任由那些要求傷著她的身，也傷著他們的心。

她開始用酒精麻醉自己。本來她就是不勝酒力的，如今在這樣的愁緒之下喝了一點酒便醉了，醉了之後，她便會對著某個角落流淚，默默地、靜靜地，讓人痛心。

後來她在朋友的勸說下開始聽我講經。但是雖然她的眼睛看著我，似乎認真的聽我講經，然而我知道，她的心從來沒有離開過她那早逝的孩子。

昨天，我有意地給她和她的朋友講起了緣，講人世間那看起來神秘莫測的緣，也就是因緣，還說了兩個故事。

有一個婦人已經養育了三個女孩，三個孩子乖巧可愛，但她並不滿足，她一心希望自己能再有一個男孩，並且日夜祈禱佛祖再給她一個男孩。

有天夜裡，她忽然做了個夢，夢到自己終於有了一個漂亮的男孩，她細心地呵護著他，孩子也乖巧懂事，卻突然在五歲那年無疾而終。

她呼天搶地、痛不欲生。於是，她便在這種悲傷中哭醒了。醒後，她慢慢明白那只不過是一場夢，她用手擦著不斷湧出的淚水，然後告訴自己，那不過是一場夢，幸虧那只是一場夢！否則，若是真實的生活，要她如何承受這撕心裂肺般的痛楚呢?!從那以後，她安心地撫養那三個女孩子，再也不想要個男孩了。

一對夫婦為人善良，中年時終於得到一子，兩人非常高興，幾乎把家裡最好的東西都留給了這個孩子。孩子長到兩歲時，婦人帶他過河，突然遇到一位鬚眉皆白的行腳高僧。婦人知他為高僧，便請他到自己家裡歇腳。

高僧端詳了半天婦人手中抱著的孩子，便對這婦人說：『我看妳心地善良，一生未做惡事，如何養了這樣一個討債的惡魔呢？』

婦人奇怪地說：『我哪裡養什麼惡魔了？』

高僧指著她懷中抱著的兒子說：『他就是啊！妳若是相信我，就讓我幫妳把這惡魔趕走吧！』

婦人於是把手中的孩子交給高僧，卻沒想到高僧一伸手便把那孩子扔進了湍急的河水中！

婦人大驚，連忙要去河中救自己的兒子，一邊咒罵那高僧害了她的孩子。

高僧說：『我這是幫妳，哪裡會害妳?!妳看看！』

於是婦人順著高僧手指的方向望向河中，只見河中間騰起一股黑煙，一個妖怪慢慢升空對著高僧和婦人恨恨地說：『我本因為被妳害，要報復妳，才投胎做了妳的兒子，將來要害得妳家破人亡，屍骨無存的！既然有高僧為妳指點迷津，那就算了！』說完化成一股黑煙後消失無蹤了。

人與人之間是要講究因緣的，你們能成為一家人在一起，只是因為你們有這樣的因緣；如果不幸你們分開了，或者有一方先於另一方不在了，那也是你們的因緣。

我看見她的眼中依然有淚，不過淚水中那慣有的麻木消失了，我知道，她一定是聽進了這些話。

我告訴她，依靠外力來麻醉自己並不能解決妳心裡的那個結，而那個結一天不解開，妳就一定會痛苦一天，如鯁在喉、芒刺在背！要把插在妳心裡的這根刺拔出來，只能靠妳自己，不是麻醉、不是逃避，而是勇敢地面對。

她看著我的眼睛，似乎在掂量著這些話的分量。然後，她擦了擦眼中的淚，握著我的手抵著了她的額頭，喃喃自語。我知道她是真的明白了，便也在心裡默默地幫她祈禱，早日度過這難過的關卡。

她依然時常來聽我講經，但與以往不同的是，她的笑容漸漸多了起來，臉色也越來越紅潤了。聽她的朋友說，她現在不喝酒了，因為她要給自己一個嶄新的生活，不用靠任何麻醉的那種清醒和美好的生活。

我看著她嘴角流露出的笑容，越來越感覺到佛祖所給予我的強大的力量，那種力量不但讓我覺得自己渾身有力，似乎也可以同時帶動很多人。

初生

初生的事物似乎總是格外惹人憐愛。

初生的露水，新發的草芽，含羞的花蕾，嬌嫩的垂條，似乎所有初生的事物都是純淨的生命，不帶一絲污穢，不染一絲塵埃。

一個新生命的到來總會引得世人歡心，雖然聽到的是一聲又一聲嘹喨的哭泣，然而世人還是要高興地奔相走告，額手稱慶。

一位高僧曾說，這是世人的執迷不悟，只見初生，未見老邁，更不見那世間輪迴的一切苦楚。

如果能與自然真正的融合，那就是世人的幸運。人本是自然孕育，能再回歸自然，當然再好不過。但，走過了，便很難回頭。如同你得到了，便難以捨棄。

佛祖說，凡是生到極樂世界的眾生，都是在七寶池蓮華中化生長出來，這與世間的出生不同，是需要往生者的功德和彌陀的願力相助才能自然化生的。

我想，即使世人看不到或理解不了蓮華化生的願力，至少能看到初生的純淨和美好，用人的眼光去看世界，用人的智慧去體會自然的美好，也是好的。

我也可以隱於山野不問世事，只修個人的修為與功德。但我更希望自己融於世事，在塵世中做一朵可以化生的蓮花，以蓮花的純淨牽動世人的思考。這也是一種修為，我覺得那是比單修個人的修為更大的功德。世事再複雜，塵世中也終有純淨。如果放任塵世的污濁而不顧，那便不是佛陀的本意了。

我依然愛著自然的一切美好，但我希望自己可以像愛那美好和純淨一般去愛世上的一切，不論貧賤，不論紛爭，不論美醜，更不分遠近……終有一天，紅塵中的人都會看到那初生的美好，並且可以體會那如蓮花般的純淨和光華，在佛陀的大願中，找到那條本應屬於世人的、有佛指引了許久的光明的初生之路。

平淡從容才是眞

當她含著淚告訴我，現在的她只不過希望能過一種平平淡淡的生活時，我知道，她是真的明白了生活的一部分意義了。因為在這之前的一年，她曾神采飛揚地說，她想要的生活是五彩繽紛、熱鬧非凡、與眾不同的生活，而且，絕對有著波瀾壯闊、驚天地泣鬼神般的愛情生活。

那時的她還是個小女孩，充滿對愛的憧憬和嚮往，渴望自己的愛與眾不同。而且，如她那個年紀一般，聽不得半點不同的意見。

而一年之後，當她果真明白了這樣的生活其實並不是她真心想要的生活時，她看起來彷彿變成一個歷盡滄桑的中年女人，而其實前後不過相隔一年多的時間而已。

她按照自己的想法，義無反顧地充當了一個在社會上看來很不光彩的角色，而且自以為在最短的時間內便找到了真愛，她覺得對方就是她此生的真命天子。可惜，那個她以為的真命天子，早在她之前便有了另外的她了，他的真命天女卻不是她。但她固執地認為，他的選擇是錯的，他理應等著她，等著她長大，等著她的到來。她為此受到無數次的傷害，而且既傷害自己，也傷害了別人。自己卻以為，這才是真愛。直到他完全冰冷地拒絕了她，甚至絲毫不顧念她將要離去的生命的最後時刻，她才明白，愛是不能勉強的，而且，愛，不是想像，更無法等待。

對於世人來說，也許很難分得清楚到底什麼是愛，什麼是欲，常常會把愛與欲畫上等號。即使人們想把這兩個概念分析清楚，也常常會囿於人世間太多的羈絆，而無法真正看清楚。我是不憚以最壞的想法去看世人，因為拋卻了欲望的愛情是無法在這世間存活下去的，即使是為人稱道了那麼久的精神戀愛，也不是純粹脫離了人類欲望的感情。

可是，如果把世人的欲望從愛中剝離出來，塵世中的愛又能剩下多少？

有欲望自然就會有貪嗔癡。

有貪嗔癡自然就有了塵世的紛爭。

然而，真正的淨土，是沒有貪嗔癡的，是眾生往生的極樂世界。

只有放下欲，世人的各種欲望。

她所渴望的生活，在兩種極致裡，非此即彼，卻不容易，尤其是後者。

而她所悟到的平淡從容的生活，尤其不易。

有一首歌詞：『曾經在幽幽暗暗反反覆覆中追問，才知道平平淡淡從從容容才是真。』

世人對生活的感悟，總是要在經過之後才會真的明白。但我覺得，只要感悟，只要明白，就不晚。

平淡從容才是真。

只有佛陀。

從小處入手才是好的態度

周先生是我剛認識的朋友，他是位佛家弟子和居士，也就是藏傳佛教中所說的『格聶』。他早在二十年前就皈依佛門了，他的學問極好，我很少見過對佛教有這麼精深了解的居士。在以前見過的人中，絕大部分是做些念經、打坐等簡單修持的信仰者，很少閱讀或根本看不懂經書。這固然是因為經文難懂難背、佛法無邊的現實因素，但我想，更多的是很多人還沒有深入理解佛教，只是學會了求佛、學佛的形式，而沒有學到精髓的緣故。

但是周先生很不一樣，他研究佛學已經到了一定的層次。據他說，他對漢地佛教的淨土宗、律宗和禪宗比較熟悉，但從和他的談話中發現，他對藏傳佛教的一些基本知識理解得非常好，只是對一些密宗的修持方法不十分了解。

周先生不僅對佛教有研究，而且對世界上的其他宗教體系也有了解，可說是具備了有系統且全面的學問。

這讓我想起一個問題：佛家弟子，一部分是學佛的，一部分是求佛的。這就好像學其他領域的知識，大部分人學的是常識，一小部分人研究的是理論和應用，到了研究生的水準時，就不是在學常識，而是在研究常識了。我想周先生就是屬於研究佛法的人。

今天周先生向我提了個難題，他說，中國有這麼多信佛的人，可是仔細一分別，只有極少數是因為僧人講法而皈依的，大部分人信仰佛法或被佛法感召，其實都是受身邊信佛的人的影響的，很多人甚至是求佛好長時間之後，才見到法師的。

這真是一個非常值得探討的問題。在我們藏區，由於傳統的原因，小孩子生下來就活在佛的環境中，不但在高原，即使是最荒蕪的山上也會有佛的石刻。

因此，我們幾乎生下來就是佛的弟子，至於成為出家的『格策』或『格隆』，則是十分榮耀的事情了。

而在漢地，就沒有這樣的傳統，也沒有那麼多的寺院可以讓更多的人學習佛法，所以這麼多的信徒要從什麼地方去了解佛法，並一心向佛呢？

我想，就是有很多的虔誠的居士們，是他們在弘法的路上走得更遠，甚至比一些佛家出家修持的弟子做得更多。在『人間佛教』的普及過程中，像周先生這樣的人，實實在在地為佛家做了大量的功德。

有很多大德高僧曾講過人間佛教的真諦，我也曾跟弟子們說起過入世修行的道理，我們所說的無非就是告訴世人，佛教離人的生活非常近，甚至生活本身就是佛法的道理。

而很多佛家的弟子，卻有可能不懂得這樣的道理，每天只是自行鑽研佛法，雖然研究的是大乘，可是這樣去做，與只求得自己解脫又有什麼區別呢？

至於弘法，不能說沒有耐心，卻是不太懂得怎麼樣去做，所以說來說去，說的都是讓人聽不懂的部分。

真正的弘法並不是件容易的事，要隨時隨地的去做，從小處入手，讓求佛的人有個方向。而學佛之人，在自己精進的同時，更要在這個過程中做出更多的功課，別讓自己的所學無用。

就像很多書呆子學生一樣，學了研究生的課程，常識的東西都忘了，這對世界上任何一種學問來說，都不是好的態度和方法。

從這一點上來說，我是很欽佩周先生這樣的人的。三人行，必有我師，也正是這個道理。這個道理，反過來，也可以用到弘法上吧。

願我菩薩，永居南海

按照佛教界的教義，今天四月二十四日，農曆的三月十六，是觀音菩薩六化身之一的准提菩薩誕辰日。

在今天，海南省三亞市舉行了隆重的南山海上觀音聖像開光典禮。來自海峽兩岸和港澳地區的一百零八位元佛教界高僧共同為海上觀音聖像開光，還有來自全國各地的兩萬餘名群眾參加了慶典活動。

新聞裡說，南山『海上觀音』耗資八十億元，於一九九九年破土興建。聖像高達一百零八公尺，腳踏一百零八瓣蓮花寶座，蓮花座下為金剛臺，金剛臺內是圓通寶殿。圓通寶殿的總建築面積達一點五萬平方公尺，五層的結構高三十八公尺，是世界上面積最大的觀音殿堂，也是目前世界上最大、最巍峨壯觀的一尊觀音塑像。

海南島的『南山』以中國最南之山而得名。據佛教經典記載，南山形似巨鼇，相傳為觀音坐騎化身。觀音歷來巡遊南海，均駕該鼇乘風破浪，故南山又稱『鼇山』。觀音菩薩巡海，見南山地區海天融合、雲林深翠、碧波萬頃，是一塊勝越蓬萊仙境的吉祥福澤寶地，遂將『常居南海』列為觀音普度眾生『十二大願中』的一願。因此，修建南山『海上觀音』是圓了觀音菩薩『常居南海』的奇緣。

我讓助手找到了這尊觀世音菩薩的資料：『海上觀音』站立在觀音島上，為一體化三尊的造型，每尊正面均為一完整的觀音聖像，只有環繞一周才能瞻仰全貌。正面觀音手持經篋，為智慧化身；右邊觀音手持念珠，為解脫化身；左邊觀音手持蓮花，為清淨化身。

在電視上和在網路上，我看到了這尊觀世音菩薩塑像，在一片碧波上菩薩巍峨高大，宛如乘著海風降臨到人世間。我想，這麼大的佛像，即使在很遠的地方也能看到，讓每一個發願的人只要往南海的方向眺望，便能觀想到菩薩的莊嚴妙好，便能在菩薩大慈大悲的感召下心向菩提。

這尊菩薩像的開光，不但是文化、經濟、旅遊等領域中的好事，更是佛家的一大盛事，是佛家弟子的幸事，也是眾生的大幸。每個心中有著善良美好的願望的人，都可以讓自己的善心有個歸依處。

這尊佛像也許真是世界上最大的觀世音塑像了，中國在傳統和歷史上，都是佛家的勝地。我想到四川依山臨江開鑿的樂山大佛，有『山是一尊佛，佛是一座山』的稱譽，也是世界現存最大的一尊摩崖石像。這說明，從古代到現代，中國人禮佛、敬佛的心，是一直傳承的。這怎麼不是幸事呢？

繁華，不過是一掬細沙

看到這個網頁的時候，事情已經過去一段時間了。二月二十六日，Ven. Tenzin Thutop 和Ven. Tenzin Deshek兩個來自尼泊爾和西藏的佛門弟子在紐約舉行了一次行動藝術，他們用一種藏醫藥的細沙，在一個兩米見方的臺子上繪製了一個佛門的世界。

我記下了他們的日程：二月二十七日開始繪圖，二月二十八日時臺子中央繪製成了佛祖的模樣，從這天之後，越來越多的人來關注他們的創作。在佛的模樣繪製成之後，他們又開始在佛的周圍繪製世界和芸芸眾生。三月十二日，聖堂、象牙塔下的青蛇、寶塔兩端的絲帶都可以清楚地看到了。三月二十日，完成的日子終於到來，畫面上出現一個色彩絢麗卻極為莊嚴的佛世界，整個畫面有些像我們家鄉的唐卡，但其中卻彷佛具有魔力一般，讓任何人都能看出，這是一幅神聖、嚴肅的佛國世界。

但是，就當他們完成了畫作，讓眾人欣賞了一段時間之後，六月八日，他們用力一吹，畫面上的繁華又重新歸為細沙，飄散得無影無蹤了，彷彿什麼也沒有發生過似的。

我記下了網站上寫的評價：一個月的時光凝聚在潺潺流淌的溪水邊。遠處圍觀的人群、近處沈思的男子，對於一個世界的消失，做著不同的憑弔和評價。而僧人手中緩緩流逝的細沙，已不再有那驚豔的容貌，那漫天飛舞的佛、那欣欣向榮的生命、那些宏偉的廟宇、那些千姿百態的繁華，一切都隨風飄入溪水，沈澱褪色，永不再返。

整個作品是為了展現生命的短暫易逝，而最後的結果也證明了這一點。漫長的創作，成功後短暫的喜悅，然後是毫不猶豫的毀滅。似乎在告誡我們做事的道理，漫長的付出和堅持、短暫的收穫，以及失去的痛苦。

這個作品是我意料不到的，這兩個人用他們的行為詮釋了佛家的真諦，用美去震撼觀眾的心靈，這樣的作品是藝術的。這倒讓我想到一個問題，我們佛家弟子，究竟應該用什麼方式弘揚佛法呢？更多的時候，我們講教義、鼓勵人們修持，這樣簡單的做法是不是太單一了呢？社會發展的步伐越來越快了，幾乎每天都會有新的事物出現，科技的、觀念的新東西層出不窮，我們為什麼總是閉門苦讀，之後還是用傳統辦法的言語來感化人呢？其實，弘法的路有千萬條，如果跟不上時代的發展，又有誰願意聽你講高深的道理呢？

另外，這個事件告訴我們，佛法是存在於任何形式中的，不要以為佛法在寺院裡、在佛經裡，其實它就在我們的生活中，每一處、每一刻，只要我們在世界上，我們的心中有各種各樣的念頭，生活的道理、自然的運行中就包涵著佛法的精髓。很多人有心向佛，但總是覺得非要在寺院中修持才算得上真正地修持，其實，這是偏見。每個人都在佛法中生活，問題是，我們要學著用心去觀察，用心去體悟。

鐵鳥飛在空中

在高原上有個預言，是藏傳佛教初祖蓮花生大師說過的：『鐵鳥飛空，無上瑜伽大行於世。』當然也有別的說法是：『當鐵鳥在空中飛翔、鐵馬在軌道上奔馳時，藏人將如螻蟻般星散世界各地，而佛法也將傳播到紅人的領域。』

小時候聽到這樣的傳說，便不覺會心一笑。我知道，這是蓮花生大師對佛教發展的預知，這和大預言家的預測是不一樣的。但小時候確實還不知道什麼是鐵鳥、什麼是鐵馬，只是冥冥中有個聲音在告訴我，那是一種很自然的現象。

後來，我下山到西寧學習時，才第一次見到了火車，知道了飛機。之前同學們也曾多次討論鐵鳥和鐵馬的問題，很多人也相信蓮師所說指的就是飛機、火車，但為什麼這時無上瑜伽能夠廣為傳播，我們也說不清楚。那是佛學大師觀想到的未來世界，不是我們這樣的弟子可以體會得到的。

等我下了高原去國外學法之後，就經常和鐵鳥打交道了，慢慢地也習慣了在天上飛的生活。每一次上飛機，心裡都在想，什麼時候家鄉也能有機場，讓回家的路程再短再快一些。

那時青海只有西寧機場和格爾木機場，下了飛機，往我的家鄉玉樹州囊謙縣還有八百多公里的路程，而且一路上的公路、鐵路也不發達。每次回去時都想，如果能在玉樹建設一座機場該有多好。玉樹州是青海通往四川和西藏的重要交通樞紐，而且玉樹的經濟資源十分豐富，可是由於交通的不便利，卻無法讓資源優勢充分發揮出來。

今天報紙上的一則消息讓我非常高興，雖然它只是不顯眼的像小豆腐塊般大小，可是對我和青海人民來說，卻是重要的資訊。

報紙上報導，從二〇〇五年開始，青海將投資十多億元加快發展機場建設，不但要對西寧機場和格爾木市機場進行改擴建，還要在玉樹新建巴塘機場，在柴達木盆地的西北新建茫崖機場，另外，還要建設青海湖、坎布拉、龍羊峽、孟達天池和互助北山直升機旅遊機場。

今年七月，我將要回到我的寺院去處理一些事務。有的弟子和我約好，要隨我去高原遊覽。我很高興他們能一同前去，因為那時正是玉樹最美麗的時候，更是玉樹康巴藝術節舉辦的期間，從七月二十五日開始，為期一週的玉樹賽馬節更會讓每個人領略玉樹的美麗風光和康巴漢子的勇猛、樸素和剛毅的性格。

七、八月份的玉樹有三大奇觀：上千頂帳篷組成的五彩繽紛的帳篷城、康巴人瀟灑漂亮的民族傳統服飾和馳名中外的玉樹歌舞。玉樹的歌舞馳名全世界，而且有很深的歷史傳統。相傳，結古寺一世嘉那朱古有著非凡的藝術天賦，他獨創了一百多種『多頂求卓』，奠定了玉樹成為歌舞之鄉的基礎。加上玉樹不斷吸收西藏、四川、雲南地區的藏族歌舞，日積月累之後，玉樹人『會說話就會唱歌，會走路便會跳舞』，玉樹也被稱為歌舞之鄉。

我多次跟弟子們說過玉樹賽馬會的盛況，但是我所有的言語都無法形容它的雄壯和美麗。弟子們都有心去，可一聽我說交通不那麼方便，便都面露難色了。

蓮師說鐵鳥飛的時候，佛教會廣泛地傳播。當人們都能坐著鐵鳥飛到高原，見到那片神奇的土地時，都會深深地被佛法的廣大無邊所吸引，被佛域的種種莊嚴妙好所折服，繼而在內心中升起菩提心。蓮花生大師的預言，是不是也包含著這個意思呢？

拈花一笑，是愛情的智慧

和弟子王先生說佛法。他跟我說：『仁波切，你能懂萬人的心，可你知道誰的心最難懂嗎？』

我說：『有三個人吧，父親、母親和愛人，其中愛人的心最難懂。』

王先生好像有些驚訝，問：『仁波切，你怎麼知道愛人的心難懂？』

我告訴他，只要是世間的感情，無不在佛法裡。愛情好懂，愛人難懂，所以，我們得用好懂的去解釋不好懂的，這樣才是智慧人。可惜，沒有多少人真正明白這個道理，往往是用不好懂的，去破壞已經懂得的東西。

就比如說，很多鬧離婚的人，其實何嘗不知道婚姻脆弱，又何嘗不知道婚姻之道，可是，就是因為不懂得對方，更不懂得如何和對方相處，就破壞了婚姻。如果反過來呢，以婚姻之道去理解對方，對方的種種『錯誤』，大概都是由於自己的心理原因造成的。

我跟王先生講了一個佛家最廣為流傳的故事：

佛祖涅槃前，在靈山會上，接過大梵天王獻來的金色婆羅花，拈花示眾，以傳心法。眾弟子中，只有迦葉尊者破顏會心地一笑，佛祖說：『我有正法眼藏，涅槃妙心，實相無相，微妙法門，付於摩訶迦葉。』拈花一笑，爲禪宗以心傳心的第一宗公案，迦葉也因此成爲禪宗之祖。

我告訴王先生，拈花一笑，用在愛情裡，也是最大的智慧。

比如兩個人有了矛盾的時候，先不要吵，如果你覺得是對方的錯，那麼就笑一笑，和迦葉的笑是一樣的：知道了就好，不要去說明，更不要試圖去說。佛祖傳心法的時候，迦葉是明白佛陀的法門的，但是，法門是不可思議的，也就是不能想明白，更不能說明白的，心裡知道了也就明白了，試圖去解釋、辯白、闡述，一張口就是錯。

愛情裡不也是這樣嗎？對與錯都不要去說破，心裡知道就好了。

其實，又哪裡有什麼對與錯，很多家庭一遇到矛盾，就要爭出個是非、兩個人要有個高下，這又何必呢。不如拈花一笑，知道這件事有了矛盾，那麼放一放，不去說了。這不是智慧嗎？

愛人的心最難懂。越是在身邊的人，我們越是不容易懂的。這是因為我們都覺得朝夕相處的人，自己應該是懂對方的，對方也應該懂自己。這樣的主觀想法，是最容易產生矛盾的。一般來講，我們和鄰居都不容易爭執，就是因為我們互相不懂對方，言語和行為上就都有了小心，自然不會有矛盾了。

自己對了，不說自己對，自己有功，不認為自己有功，自居而不傲，這是個非常難得的境界。其實，這在家庭生活中管用，在任何人際交往中也都管用。

我看『天下無賊』

有部電影叫『天下無賊』，導演是馮小剛。剛聽到這部電影的名字時，我的心確實有點震動：這真不像是馮小剛取名字的方式，如果天下真的無賊，每個人都生活在平安的世界中，沒有欺騙、暴力和對別人的猜忌、不信任，那麼這個世界會是什麼樣子呢？我想，片子的名字本身就是馮小剛的一個美好的願望吧。

後來我看了這部片子。起先我被影片開頭雄偉神聖的拉普楞寺的全景、罕見的天象、人群在寺廟前虔誠的頂禮膜拜的場景吸引了，這不正是我閒暇時思念的家鄉嗎？雖然不是完全一樣，卻也有幾分神似，總算聊勝於無了。

應該說，吸引我的不只是影片中蒼涼荒漠的高原與群山，以及偶爾出現的廟宇，同時還有那種類似於宗教的神秘氛圍，比如傻根在回家之前，在高原上與狼群告別的那個場景，確實有些讓我震驚。以前的電影中，人如果遇見狼群，只有你死我活的搏鬥場面。或許，這是大多數人對自然的理解：人遇到野獸時只有暴力和血腥。但在我的眼中，人為什麼不能和狼或者別的野獸和平相處呢？從這一點上看，我是敬佩馮小剛的。

電影講了一個挺簡單的故事，但意思卻不那麼簡單，表面上看來，是那對賊夫妻因為有了孩子，從而想放棄了做賊的生活，走向善良，其實，他們的心中難道沒有善良的種子嗎？『一切眾生皆有佛性』，『佛凡一體，染迷淨悟』，只是人的欲望太多，尤其是邪念太多，讓一些人選擇了惡行。

我知道，很多人的選擇是對社會不公平的不滿，比如那個男主角在騙了一台車的時候，不是對守衛說：『開著好車子的就是好人嗎？』這是他對世俗社會的不滿，因為社會上確實存在巴結富人、巴結權貴、鄙視窮人、看不起弱者的現象，電影裡的男主角用一種不公平的行為，比如詐騙和偷盜，去對抗另一種不公平。

這樣做，就是讓這個世界多了一種惡行，而不是如他所想，取代了一種惡行，這樣的世界只能是越來越混亂，越來越讓人失望。其實，如果面對不公平，用一種更為善良的行為去感化對方，消除一種惡行，不是更好嗎？

就像他在最後，用自己的行為消除了一次惡人的偷盜行為，是一種善行，讓善良的孩子繼續生活在平安的世界中，依然相信天下無賊，是更大的善行。

對這部電影，更讓我欣賞的是，感化了一對賊夫妻的不是如我這樣的佛家弟子，而是一個普通人。這對世俗世界，對我，有多深刻的啓示啊。弘揚佛法，感悟眾生，如果僅僅依靠佛門弟子，效果未必是最好的。如果讓世界上所有善良的人互相感化，不是更好嗎？

表面上看來，傻根是一個沒有什麼社會閱歷的孩子，他不可能講精深的佛家道理，也不一定會在佛法上修持到多高深的境界，但是他的善良和他相信『天下無賊』的信念，不就是最基本的佛家弟子應該具備的嗎？

一個善良的願望，一個善良的念頭，就能種下善良的種子，就能讓世界離太平更近，就能讓自己離佛更近。

給佛的弟子

今天是農曆的四月十五，也是藏傳佛教中釋迦牟尼佛的佛誕日，也是他的成道日，涅槃日。我一早來到雍和宮，參加這裡舉辦的祈願法會。

漢地佛教和藏傳佛教有一些不同之處。漢地以農曆四月初八為佛誕日，以十二月初八為成道日和涅槃日；而藏傳佛教認為三個日子都在農曆四月十五，東南亞上座部佛教也支持這個觀點。

一九九〇年，當時的中國佛教協會會長趙朴初先生提議，漢地寺院在農曆四月十五日時也舉辦一次法會或者活動，以和西藏和雲南的佛教一致。這個日子，被漢地佛教稱為『佛吉祥日』。

雍和宮是漢地著名的藏傳佛教寺院，很多人都問我，為什麼四月初八的活動沒有別的寺院的隆重，其實是他們不知道藏傳佛教和漢地佛教的區別，農曆四月十五日才是藏傳佛教舉辦隆重法事的日子。

今天雍和宮去了好多弟子，與平常不同的是，有很多人一眼就能看出來在家修持了多年。雍和宮也是北京的旅遊勝地，平時有很多帶著照相機邊走邊看的旅客。而佛的弟子都是一身很樸素的衣服，手中拿著念珠，口中念著佛號，面目的神情也是莊嚴而慈祥的。

看到這麼多的弟子，我的心裡是欣喜的。佛教已經為更多的人接受，並讓他們虔心地去修持，這說明佛光普照，佛法無邊。

站在他們中間，我們一起觀看寺院的格隆在堪布的帶領下，齊聲誦著《仁王護國般若波羅蜜多經》，這是他們在佛誕日，為國家的和平、社會的和諧和人民的幸福生活祈願。每個人的表情都是莊嚴的，每個人的聲音也是嚴肅的，我想，這就是佛門弟子，在面對佛法和眾生時最基本的態度。

看到這麼多為眾生發願的弟子，我的心裡是欣慰和感動的。佛法要靠我們這些弟子去弘揚，而我們要做的，不只是在法事上念念經，在家裡供奉佛像，最重要的，是讓眾生明白我們的法，是以平等、寬容、善良和友愛為根本的，是利他而不是利己的。

願我們佛家弟子，能夠虔心地修持，多看些經典和上師的著作，讓自己對佛學的領悟更多更深。

願我們佛家弟子，能夠在入世中修持，多走進生活和人群，在社會中領悟人世間的無常，在實踐中證悟佛法的真諦。

願我們佛家弟子，能夠時刻發願，以菩提心和慈悲心為自己的根本心，去面對世界。

願我們佛家弟子，能夠盡自己所能，幫助他人，幫助眾生，並讓他人理解佛法，感悟佛法的解脫與自在。

願我們佛家弟子，能夠記住『莊嚴國土，利樂有情』，為我們的國家建設實實在在地做一些事情，為我們的社會創造沒有惡趣的淨土。

PART. 3 思緒

在傷痛中鍛鍊自己

晨起散步的時候，我看見一個小男孩正在學習騎自行車。男孩看起來六、七歲的樣子，個子不高，長得瘦瘦的，皮膚白淨得像是透明的瓷器，眼睛裡的純淨和天真都集中在目前的艱鉅任務上，如何駕馭這輛看起來不夠大卻挺倔強的自行車，似乎是他目前遇到的最大難題。

他的爸爸就跟在這輛時時搖來擺去的自行車後，但卻從未見他出手扶過自行車，哪怕眼見自行車就要倒下，也不曾伸手。但是他和一旁的鄰居說話時，眼睛和腳步卻始終跟隨著小男孩，雖半是聊天、半是散步的狀態，實際上他的心思應該全在他的兒子身上吧！

那個小男孩也似乎並不太在意爸爸是否一直跟在自己身後，不管爸爸是在聊天還是在看自己練車，他只是專注地盯著前面的路，努力摸索著如何掌握騎自行車保持平衡的秘訣。男孩兒的手肘和膝蓋處都套著護肘和護膝，在我看來，那也許就是爸爸所給他的一種既明顯又隱蔽的保護吧，就像他沈默地跟著男孩卻並不出手的保護一樣。

想起自己也曾有過學自行車的年紀，只是不曾騎過如此小巧的自行車，也不曾有過那種穿戴著各種保護措施學車的經歷。我只是跟隨著自己的感覺，便把車騎得如風馳電掣一般了。那是個無憂無慮的年紀，甚至連危險也是沒有任何概念的年紀。與我同齡的孩子很多都摔過，摔得手肘和膝蓋都破了皮，流了血。我也摔倒過，流過血、疼過，但是沒哭過。出生於康巴的男子漢從小就知道漢子是不流眼淚的，流血也不能流眼淚，流淚也沒用。

可能正是因為從小就知道摔倒了得自己爬起來的道理，所以在後來不斷成長，也不斷受到其他形式的傷害感到疼痛時，也學會了用堅強來面對，用自己從小就學會的方式來解決遇到的各種問題。回頭看時，覺得小時所受到的影響受益匪淺，從小小的身體的傷痛到後來可能遇到的各種傷害和心裡的傷痛，其實都可以用自己從小就學會的堅強來面對，而堅強，總是比軟弱更容易解決問題，也更接近於事情的本來面目。

世間的痛苦也許會以各種不同的形式表現出來，當你感到痛苦的時候就會知道，無論是哪種傷痛，本質上都是讓人感到疼的，是一樣的。也正因此，當你學會用堅強來抵擋一種傷痛的時候，自然也會用這種堅強來面對其他的傷痛。

人有時候在傷痛面前會表現出軟弱的一面，但我覺得，只要意識到自己在小時候就經歷過這種類似的傷痛，知道自己完全可以承受得住這種疼痛的話，相信，沒有什麼痛苦是可以擊倒一個人的。同時，經歷過這種傷痛的人一定會積攢一些對付這種痛苦的經驗，因此，傷痛對於人類來說，只不過是給人更多鍛鍊的機會，在傷痛中磨練自己，你會明白，生活雖苦，但你，可以做到你想做到的。

長得黑，不是我的錯！

下午沒什麼事，想著似乎應該再買一、兩件換季的衣服，所以便去了附近的一家商場逛逛。

本來應該是個十分平靜的下午吧，沒料到卻因為一個外國人的出現而掀起了小小的波瀾，想想覺得挺有趣的。

外國人大概是從非洲來的吧，膚色相當黑，黑得讓人冷不防看了會被嚇一跳。事實上他也沒那麼恐怖，只是他真的太黑了，只有眼珠轉動露出了眼白，或是開口講話時露出了紅舌白齒的時候，才覺得他不是個假人。

雖然我曾在國外待過，遇過各色人種，早覺得稀鬆平常，不過這麼黑的外國人在國內實在少見，因此有個拽著媽媽手的三、四歲小女孩，好奇的表情全顯在臉上，與那黑人並行時，便直勾勾地盯著他看，即使走過了還不住地回頭看，竟然沒發現媽媽已經直奔化妝品專櫃，因此不小心便撞到了櫃檯，著實把媽媽和售貨員都嚇了一跳。她撇了撇嘴，剛想要哭的樣子，看到那個黑人臉上還帶著笑容在看著她，小女孩愣了一下，但是瞬間也咧開嘴跟著笑了，惹得旁邊的人全都跟著笑了起來。

這一幕讓我想了很多。剛有外國人進入國內的時候，國人看他們的眼神全是奇怪的，連外國人自己也無法表現鎮定；如今國人的眼神裡少了新奇，也不再有聚眾圍觀的狀況了；外國人似乎也早已習慣了異鄉的生活，融入了當地的生活，這應該算是時代的一種進步吧！

種族優劣的論調曾經對世界產生了巨大的傷害，可是，在科技發達的今日，卻還是有種族歧視觀點的存在，這算不算是社會觀念的一種倒退呢？

白人、黃人或是黑人，一樣是人，一樣有七情六欲，一樣會遭受著世間的冷暖疾苦，到底有什麼優劣之分呢？只因為是黑人就要受到歧視和虐待，到底有什麼道理呢？長得黑，並不是錯啊！如果只因為膚色的不同，便斷定了人的優劣，那麼世界便沒有平等可言了！

長得黑，不是誰的錯；認為有錯的人，才是真錯啊！

再醜，也是人

越來越多的人造美女不斷新鮮出爐，在我看來，卻覺得人嘛，長得再醜，也是人。

是人，就總會有不同，有高矮胖瘦之分，有美醜黑白之分，有膚色人種之分，這只不過是用來區分人群的一種標準而已。

說到底，大家的本質還不是一樣的?!都是人啊！

但是，要求每個人都以一顆無差別的平等心對人，目前似乎還遠遠達不到，也正因此，人們才會蜂擁而至整形醫院的門前，大張旗鼓地要求把自己這個醜小鴨經過人工修整變成白天鵝吧！

而經過這種種人為的痛楚之後，是否真如自己心目中那隻白天鵝的樣子，恐怕只有自己心裡最清楚，也許在別人的眼中，那個未經人工雕琢的醜小鴨似乎更具有自然美的淳樸……

長得醜，誰也不願意，但也沒什麼辦法，天生如此。

但是，再醜，也是人，也要做個好人。

把此生過得漂漂亮亮的，人長得再醜又有什麼關係？

說到底，人，不只是為一張表皮而活啊！

怎樣才算美人？

我偶爾會買兩份報紙來看看，覺得這也是對生活關心的一種方式。但是我不喜歡那些大到半版的醫療廣告，聽說很多人都有同感。尤其不喜歡那些關於減肥的廣告，那些廣告裡的模特兒似乎只剩下一副骨架，走起路來弱不禁風的模樣，卻神情自得以為如此便可傲視天下一般。

原來我以為那些廣告只是針對女孩子而推出的，後來發現並不盡然，廣告真是做到了平等——男女平等，只要是胖子，就應該減肥，而且就要減肥，無論男女，無論老少！人們對於美的評價似乎不約而同地有了一個重要的標準，就是瘦。似乎只有骨感，才能被叫作美女俊男。

我倒不覺得是這樣，胖有胖的美，瘦有瘦的美，人們總是對自己的高矮胖瘦那麼挑剔，對於自己的處世形象格外注意，甚至苛刻。

但是如果硬性要求人們千篇一律地瘦的話，那時的人恐怕又該想出其他標新立異的招數了。胖或瘦其實並沒有太大的關係，只要適度就好。有些人的身材骨骼是天生的，父母賜予的；有的是可以在後天經過鍛鍊培養出來的。但是，高就是高、矮就是矮，胖就胖、瘦就瘦了，健康就好，自己喜歡就行，實在是沒有必要為了迎合世俗的口味而強迫自己去吃藥、嘗盡各種苦頭，更沒必要用自己的身材去媚俗。

我長得就是比較瘦，但我希望自己能再胖些。不過，身材就是這樣了，又何苦為了胖一點、瘦一點而去做一些無用功呢？這身材其實就是個臭皮囊而已，身外的一切都是生不帶來死不帶去。

美貌如何？醜陋如何？瘦高如何？矮胖又如何？當靈魂逝去的時候照樣什麼都留不下。與其為了那幾斤肉而煞費苦心，還不如想想如何求得靈魂的昇華，如何得享那永世的安樂。

反正，我是不贊成以吃藥或抽脂來達到減肥的目的，想當美女俊男，辦法很多，既可以選擇修養身心的方式，也可以選擇體育鍛鍊的途徑來強身健體。

自古以來，人們對美的評價標準就沒有一致，那麼，現代人又何苦為了世俗的評價而把自己變得面目全非呢？現代人，那麼聰明地走過了幾千年的時光，難道不明白，並非只有骨感才叫美的道理嗎？

信命，但不束手待命

今天，小助理突然問我：『你信命嗎？』

我說：『信。』

我的確相信命運。就像我知道我的前世今生，誰能說這不是人的命運呢？前世我是一個王子，今世我是一個轉世靈童、一個轉世活佛。我還知道，前世我曾有妻兒，今世的一位老嫗，其實就是我前世的女兒。但這些，我並不輕易對人說。只是覺得現在的人對命運的未知充滿偏執的敬畏，要麼就一概不信，要麼就信得束手待命一樣，完全在命運的暗影中迷失了人的本性。

我告訴那位小助理，命運可敬，但並不可畏，就算你真的畏懼了，也不要陷在命運的環套中不可自拔、束手待命。今生的命運雖然如此，但並不是說你只要天天坐著，看著，就等來了你今生的命運。

佛家講究因緣因果，正是因為你前世種的因，才有今世的緣和果。如果你因為聽說自己今世的命極好，就完全放棄了今世的努力，那麼即使你今生還有前世的福報可享，來世你的命運恐怕就會糟得讓你承受不住；如果你因為聽說自己今世的命極差，就乾脆束手待命，認為自己反正命也不好了，再怎麼努力也枉然，其實那就大錯特錯了。就像我曾經不只一次對人說過，命運會如何，還是要看你自己的努力，付出得多，得到的自然也多；付出得少，得到的就少；不付出的，什麼也得不到。

我還叮囑那位小助理說，要信命，但在你根本無法控制自己心緒的時候，不如不知道自己的命運如何。如果你有把握能夠完全駕馭自己的命運，那麼，是否知道自己前世今生的命運便是無足輕重的一件事了。即使你窺破了自己命運的一些小秘密，也一定要記住，可以信命，但千萬不能束手待命。

看著她還有些迷茫的眼神，我想，人大抵如此吧！總是想知道更多生命的秘密，但似乎並沒有足夠的力量去控制，因此對自己的命運或是其他的秘密，還是不知道比知道要來得好吧！所謂無知者無畏，我們因為不知道而更加勇往直前，不是很好嗎？

盡信書不如無書

最近一朋友新買了一只電子錶，比較高級的那種，而且是進口的，說明書全是外文，有英語、法語和日語，就是沒有中文。

於是她仗著多年前上高中時學的那點英語，再加上不停地對照英漢漢英詞典，總算把那幾張難懂的說明書看懂了個大概，雖然還有很多細節不太明白，但最起碼有了點譜，但她正準備按照說明書進行調整時，卻發現實際操作時，所遇到的情況與說明書上所寫的細節並不相同！

她本想按照以前調整電子錶時慣用的方式對付它，但一想，畢竟是進口的錶，高級點嘛，會不會與普通的錶有所不同？如果因為自己的妄自調整導致什麼意外的話，那就不好了。於是她又耐心地重新查看說明書，一遍遍地翻查字典，再次面對那只錶時，竟然還是第一次調整時的老樣子。

她覺得很奇怪，就算有些她不太明白的細節吧，也不至於總是出現與說明書不相符合的情況啊。於是，她請了一位專業人士幫她瞧瞧。結果人家花了不到一分鐘的時間就把一切都搞定了！最令她感到氣憤的是，人家用的就是她一度放棄，且並非說明書中正規操作的老辦法！

為此，她總覺得心裡有些鬱悶，有些不吐不快的感覺，於是便打電話來，嘰哩咕嚕地抱怨了一番，最後還恨恨地說，以後再也不信什麼說明書了！剛聽她說完這些的時候，本想笑她一頓，但想想卻又笑不出了。一份專為產品而做的說明書竟然被消費者先奉為聖旨一般，復又踩在腳下，恨不得再補上幾腳，這恐怕既是說明書的悲哀也是人的悲哀吧！

雖然說明書帶有很強的專業性，但同時也應該具有極強的實用性和可操作性，如果不能同時具備這幾項的話，那麼說明書也便不成其為說明書了。不過，古人也說，盡信書不如無書。如果事事完全依賴書本上的東西，也許還不如不看書上的記載，而全憑個人的經驗和勇氣來得好。書上記載得再詳細再科學，也終需實踐來檢驗。如果一味沈浸在書中，忘記實踐的重要性，分辨不出記載的正誤的話，那麼便實實在在是盡信書不如無書了。

生活中這樣的事比比皆是吧！以為自己看得很明白，可以洞悉一切，實際卻只不過是紙上談兵的膚淺而已，以為實際操作也如同書本一般按部就班，現實真的發生時，才發現全然不像自己在書本上看到的那樣，那些在書裡看起來望風披靡的厲害招數，在現實的空氣中竟然成了軟綿綿的、無力的搪塞，看來是紙上得來終覺淺啊！

想要把所有的事都看得明明白白、清清楚楚並非易事，那是需要書本知識和實際操作相結合的真本領。如果偏信一方，那麼對事物或事情的判斷也就不可能公正和準確了。

盡信書不如無書，要想看透世事，還得多磨練呢！

人人都可以當半仙

所謂『半仙』是指這人能預測一點未來，或者能知道一些本來不知道的過去的事，有時候可能還挺準的，這樣的人就可能會被戴上半仙的帽子。

我的一個朋友就被人稱為半仙。

他有時候還真挺『神』的，一看人家長什麼樣子，穿衣舉止，便能對這個人說出點『神奇』的話來，唬得人一驚一噴的，而且跟事實都八九不離十。但有人慕名找他『算算』，他卻笑，什麼也不說。逼急了，撂下一句『天機不可洩漏』便轉身離開，再生氣的人看著這樣的背影，也難免生出些道骨仙風的錯覺。

每次他在我面前吹噓這些事的時候，我只是笑，不說話。開始他還問：『你說我是怎麼知道的？』『你說我說得對不對？』『你說是不是這樣？』反正就是這一類的話。面對他這樣有些得意的反問，我幾乎從不回答，只是看著他笑。時間長了，他自己反而先不好意思，慢慢地就不再問了。再後來，也不在我面前吹噓了。

有時候我會逗他，怎麼不說說『半仙』的『業績』了？他便有些臉紅，訕訕地不說話。再後來，我一如既往地對他，他終於可以坦然地面對我的笑容，於是又說起以前的事，笑著問我：『其實以前那些都是猜的，順口胡謅的。可是你是怎麼看出來的？』

我說：『也不完全是猜的吧？』

他又笑：『也有點根據，但多半還是我自己的經驗而已。幾次下來，經驗也越來越多了。而所謂天機不可洩漏，只不過是因為我不知道而已。』

我說：『這就對了。』

其實要想當個『半仙』，說難也難，說不難也不難。這世上，真正能掐會算的人並不多，但要當一個可以感知過去或是預測些未來事件的人還是很有可能的。就像我那位被稱為『半仙』的朋友一樣，他其實並不懂太多的玄奧，但他能觀察一個人的細小動作或是眼神舉止看出這個人的大概，這就是一種感知和預測。一個人，如果有了一定的知識基礎或是豐富的人生經驗，看人自然就會又『狠』又『準』，而這種狠和準，從某種程度上來說，就是一種『半仙』的表現了。

不可否認的是，其實每個人的內心，幾乎都蘊藏著一塊未被開墾過的巨大能量，有人把這樣的能量稱為潛力，暫且就這樣叫吧，也正因為這種潛力的存在，有時候，人在某一時刻或某一瞬間，都可能產生這種類似於『半仙』的感覺，彷彿自身的『天眼』在那一刻張開了一樣。

但因為人們並不真正懂得利用這種能量，因此不能對事事都有很好的感覺。如果人們都能認識到自身存在的這種巨大潛能，就像自身同時存在著的慈悲心一樣的話，我相信，眾生都可以因此而看透世事，尤其是那些從前看不懂、不甚明白的世事。也可以說，如果大家都能真正了解自身存在的有無，看清自己所具有的，人人都可以輕鬆地成為『半仙』。

撕開遮蔽眼睛的窗簾，如同打開心靈的窗戶，可以使身心沈浸在前所未有的清爽和開闊的視野中，會看到以前看不到的東西，聽到以前聽不到的東西，體會到以前不曾體會到的感覺，做一個『半仙』似的智者。

小心騙術

記得有部電影裡說：『不是我不明白，而是這世界變化快。』

是啊，現在的社會真的變得太快了，快得讓人還來不及好好地喘一口氣，就在轉眼之間變成了別的樣子。

最令人迷惑的是，這世界上的騙子為什麼越來越多了？

眼看著新聞又報導了被騙的事件，電視也不停地播放著防騙的節目教導廣大群眾避免上當受騙，可是，騙子卻總有著頑強的生命力，靠著自己或幾個人的如簧巧舌就騙到了人們的信任，而且這種騙術還有『野火燒不盡，春風吹又生』的狀況，騙子們就帶著他們拙劣的騙術，腳步不停地在世界各地行騙。

每當看到那些被騙的人後悔、氣憤又心有不甘的表情時，我總覺得心裡很難過。

有人生性善良，有人天性單純，騙子就愛欺騙、玩弄這種人而自覺高明、洋洋得意。

可是，被騙的人最後失去了什麼？騙子又得到了什麼？得與失之間，人們失去的到底是什麼？

或許，古人說得對：『害人之心不可有，防人之心不可無！』

我從未遇到過類似的騙子，也沒有親眼見到曾被媒體曝光過的各種騙術。有時候想想，如果有一天自己也遇到了這樣的事情，我會怎麼做？我會給這樣的騙局一個最好的結果嗎？

或許，生活有時候就是這樣吧，如果你知道要當心，就可能識破那些拙劣的騙術；一不小心，就可能中了騙子的圈套。所以，騙子固然有他的可惡，但人們在生活中似乎也應該小心防範騙術吧。

換角度

一位從遠方來的朋友，特地約好了時間來看我。

也許是太久沒見了，我們在一起聊了很多，她還說起了自己上小學時的一件事。那時，她的語文成績很好，作文寫得也不錯，老師自然很偏愛她。有一次，她因為去參加一個數學班的培訓而耽誤了那位老師的語文課。當她趕回教室時，課已經上了有一會兒了。

她覺得老師在生她的氣，是因為去上數學課而耽誤了語文課。於是她從一走進教室開始就注意聽課了，那是一堂作文課，老師正在講寫作文的一些方法。從她進教室到座位上，老師的課並沒有因她的打擾而有所停止，而且就在這短短的時間裡，老師還提出了一個問題：同一件事，我們既可以這樣寫還可以那樣寫，從作文的寫法來看這叫什麼？

也許是同學們被中途的打擾而分了心，也許是他們都沒反應過來，總之，我的這位朋友在鴉雀無聲的教室裡，在還沒坐穩的情況下就脫口而出：『調角度！』她的回答當然是正確的，畢竟她是老師的得意門生之一。這種快速和準確，當然是被老師所讚許的。她說當時其實看到了老師眼中的讚許，但老師卻只是肯定了這個答案之後就一如既往地繼續講課。

很多年以後，當這位朋友講起當時的情形時，還會感慨的想，那位老師對她有多好，那天老師生氣了，但卻因為她的回答而消了氣。至於寫作文常用到的調角度，她則覺得受益匪淺，因為生活中處處都可以調角度，只要換個角度看，很多事情與原來的就不太一樣了。

朋友的睿智和重情在她回憶的瞬間躍然臉上，我知道，她真的是成熟了。的確如她所說，生活中的很多事都可以用到寫作文的方法，比喻、排比、擬人，以及調角度。

有首詩不是說『橫看成嶺側成峰，遠近高低各不同』嗎？這就是調角度吧！

我還記得小時候學的課文裡有一篇文章講的是盲人摸象的故事，因為他們摸象的角度不同，因而導致他們對大象的形狀產生了不同的理解。

還有句話說，將心比心，應該也是一種調角度吧！

不過，這世上真正能把自己的心放在別人的角度上考慮，或者把別人的心放在自己的角度認真考慮的有多少人呢？人心、己心、他心，其實是要我們都應該學會一種真正的換位思考吧！

誤會放久了就會變死結

最近遇到了幾件不太順心不太愉快的事，所以心情難免受到一些影響。

其實說起來，原也不是什麼大不了的事情，可是就是這些小事卻引起了一些誤會，導致雙方的心情都不大愉快，因此，還有一些沒解決的事情就那樣擱在了那裡，大家似乎都有些無奈，卻都心裡有氣一樣地暫時放著不大管了。

坐在桌前，看著牆上那幅從家鄉帶來的唐卡，佛祖的似笑非笑感染了我，於是，心緒便也跟著沈靜下來。想想這件事的來龍去脈，才發現，本來一直想不通到底在哪裡出了問題，以為只是人家故意在搗亂似的，而實際上是因為雙方有了一些誤會。

誤會，真是個誤事的東西。

本來可以順利進行、完成的事，卻因為誤會而耽擱了，甚至還可能阻礙並使進程倒退。

誤會的產生雖然原因眾多，但歸結起來應該和人與人之間的交流和溝通有很大的關係。如果能夠及時溝通的話，相信這種誤事的誤會應該不會存在多久。誤會，畢竟不是死結，解釋清楚了，結解開了，誤會的便不再是誤會，也不會再誤事了！

回頭想想，整件事情裡所產生的誤會，也許還是自己的責任比較大。如果可以早點坐在這裡靜下心來仔細想一想的話，那麼這些困擾了我多日的不愉快是不是也會早一些被想通、被解決呢？應該是吧！看來自己還是存在著很多問題的，需要多加注意才是。

或許，明天我應該和他好好談談，把這段時間積存的一些誤會解釋清楚。為什麼人和人之間會出現誤會呢？有的甚至把一些小小的誤會積累成了人與人之間的死結。看來，自己這段時間的修行時間是太少了，有很多問題需要更加用心地思考才行。

等到明天？還是馬上吧！先給他打個電話，說一下吧！至少告訴他我認為哪裡有問題，應該怎樣處理，而且還要詳細地聽聽他的意見，聽他對這件事到底是怎麼看的。

或許，誤會就自然會冰釋了吧?!

線索的聯想

從前有位失寵的臣子，國王想懲罰他，便下令把他禁閉在高塔之上任由他自生自滅。

夜裡，臣的妻子來到塔下，高呼塔頂的丈夫，問他解脫的辦法。臣子囑咐她隔天夜晚再來，務必要帶著細線、麻線、細繩、粗繩、一隻甲蟲和幾滴蜜。妻子儘管有些疑惑不解，隔夜依然照著丈夫的要求帶來了他所需要的東西。

丈夫教她用細線牢牢綁住甲蟲，在甲蟲的觸角塗一滴蜜，然後放手讓甲蟲沿著塔壁往上爬。妻子依言而行。那甲蟲想吮嚐前頭的蜜滴，就慢慢地往上爬，經過漫長的路程，甲蟲終於爬到了塔頂。

丈夫在塔頂捉住甲蟲，拿到了細線，他要妻子在細線的下端繫好麻線。等到他拉起細線，就收到麻線了。就這樣周而復始，麻線拉上了細繩，細繩再拉上了粗繩。然後其他一切就簡單了，丈夫終於沿著粗繩從塔頂滑下與妻子逃走了。

其實我們這個肉身的呼吸就是細線；抓住了細線，我們便掌握了神經運動的麻線；我們又因此抓住了念頭的細線；最後控制了生命能的粗繩索，便得到自由了。故事總是故事，即使破綻百出也不過是想告訴人們一些道理而已。那位被囚禁在高塔上的臣子真的很聰明，而且能在如此危急的時刻，還鎮定地想出這樣精細的逃生辦法，即使在今日看來，他也的確是有著過人的膽識和智慧。

有的時候，人在危急時刻所表現出來的智慧真的值得稱歎。一段線索，幾乎就可以維繫一個人生命的全部價值。否則，再聰明再有智慧的頭腦也會斷送在那高塔之上，無人理會。

看了這樣的故事之後，每個人一定會有不同的感受吧！我知道人性的複雜會在一件小事上就表現得淋漓盡致，但我還是說我想說的話，做我想做的事情，一些可能並不好聽但卻是肺腑之言，或一些可能讓人暫時感覺不舒服卻可能得大安樂的事。

順著這段與線索有關的故事，我想起了當年看到魯迅先生所寫的文章，他在文章中對人的自私與小我曾做過深刻的剖析，而且連自己也不放過，一定要『榨出皮袍下的

「小」』來才甘心。只是無論人們怎樣去看，看到眼裡最多的還是別人的小、別人的私，輪到自己便全部打了折扣，而且絕不願再順著這樣的線索給自己上綱上線。

而其實，對於佛家來說，『我』是最難捨又必須捨的，把『我』放下，才能看到平日用『我』的眼睛看不到的東西，才能體會到平日用『我』的心體會不到的感情和道理。

有線索的時候，看你如何去利用。利用對了，自然就會有讓世人盡皆稱歎的智慧。大智慧，是要捨掉小『我』之後才能體會到的。

目標，給生命前進的動力

一位朋友聊天時偶然說起了自己目前的生活狀態，好像什麼都有了的時候，生活反而越來越沒勁了，語氣裡頗多厭倦和無奈。

和他認識已經有幾年了，那時他剛三十三歲，正是一個男人年富力強、開創事業的黃金時代。他也的確不負眾望，把自己的生意和生活都經營得井井有條，並不斷給自己設定一個又一個嶄新的工作目標，而且一個比一個實現的難度要大。

幾年時間，他擁有了一個成功男人所應該擁有的財富、名譽和地位，還有一個幸福美好並且很穩定的家庭。對於他來說，人生應該是一件太美好的事了吧，奮鬥之後可以安心而安然地享受生活，這也是無數人心中的理想生活狀態以及人生最大的目標吧！可是，人過四十，眼看著事業如日中天，他卻突然覺得自己的生活百無聊賴，那些在別人眼中非常羨慕的東西，在他眼中幾乎毫無價值，每天最常說的一句話就是『沒意思』，結果人也跟著有些委靡不振，看起來比他的實際年齡還要老一些似的。

以前只是看他精神狀態不好，以為他可能是太累了，休息一下、調整一下就會好的，沒想到他今天和我仔細一說，我才明白，其實他是因為沒有目標而缺少前進的動力了。

人總是需要不斷地給自己設定前進的目標，沒有了目標，就沒有了前進的動力，生命和生活自然也就沒有樂趣可言。目標，就像是人生不斷前進的一個引擎或者加速器，有了這個目標，就有了不斷往前衝的動力；失去了這種前進的目標，生活就變成了日復一日的重複和疊加，這就意味著生活失去了應有的新鮮感以及存在的意義，日子當然也就有些索然無味了。

我請助理給他倒了杯茶，是今年新摘下來的龍井茶，聞起來有一種清新的茶香。他愛喝茶，自然懂得，我們聊了一些和茶相關的話題，接著我話鋒一轉：『不如給自己再設個新的目標吧！』

他也許是沒想到我突然說出了這樣的話，有一點詫異，端著的杯子也在空中停住了。想了一會兒，他緩緩地吐出口氣說：『我其實有一位紅顏知己。我很喜歡她，但我們之間真的就像好朋友、好哥兒們一樣，即使有時候有一些曖昧的情愫在裡面，我們也從未越過朋友之間的這條線。

『我喜歡她是因為我覺得她太有活力了，和她在一起，你簡直不知道什麼叫厭倦！不過，她是個購物狂，從來不知道世上還有什麼衣服是多餘的，是她喜歡但可以不買的。她雖然賺得也挺多，但畢竟還有其他的消費，於是，每當她拽著我在商場裡流連忘返的時候，每當聽著她說這個月要存錢，下個月發薪的時候就可以把那件她中意了很久的衣服買回穿上……或許，這也是我喜歡她的一個原因吧！

『她從來就不缺少購買的目標，因此也從未有過逛膩的商店。她說，她要把自己打扮得花枝招展的，這樣才能永遠年輕漂亮。奇怪的是，我真的從未見過她出入美容院，她依然顯得那麼年輕、有朝氣、有活力，或許，這些不斷更新的目標，真的是她保持青春的法寶和秘訣？』

我想，他也許是找到了自己問題的癥結所在吧，所以才自顧自地說了這麼一大堆話。不過，畢竟是好事。找到了病因，才能對症下藥。至於是否能藥到病除，還要看他自己反省得夠不夠徹底了！

目標，在人的一生中的確起著不同凡響的作用，即使沒有驚天動地的理想，有一個屬於自己的、小得不能再小的一個目標，也是好的，生活也是有意義和有動力的。是吧？

堅持下來有多不容易

『你知道能堅持下來有多不容易嗎？堅持下來！』

我自夢中醒轉過來的時候，耳邊似乎只剩下了這一句話。

我甚至不知道為什麼要這麼說？我在夢中所堅持的又是什麼？我只記得夢中的自己情緒很激動，激動得似乎要把這句話喊出來才行。

我躺在床上又失了一會兒神，努力地想把夢中的情形再撈回現實一些，但只剩了幾個模糊的場景和這句讓夢中的自己激動的話了。

天還沒大亮呢！感覺頭有些沈。

可能是最近幾天太累的緣故吧！因為要回家鄉拍攝紀錄片，我的神經已經為此繃緊了好長一段時間。我忙於各種事務的聯絡和安排，雖然有助理的幫助，但很多事仍然需要我自己親力親為，所以最近這段日子可以說是相當緊張的。

十年前，我還在佛學院中學習各種佛學知識，如今我需要把自己學到的佛學知識在人間傳播。從一個青澀少年成長起來的經歷，是每一個人都曾有過或終將會有的，然而從一個少年變成轉世靈童，再由轉世靈童逐漸成熟起來的經歷，卻不是每個人都會有的。我知道我遇到的所有艱難和痛苦，眼看著自己的心在向佛祖靠近的過程中逐漸成長到成熟的每個細節，以及這段前進的路途中我自己的不足。

有時候回頭想想來時走過的路，整個過程如同一場夢，虛幻得像輕霧一樣隨時都可能破碎。可是，人生本身不也是一場夢嗎？一場在六道中輪迴但人卻不自知的大夢。

我真的可以不在意那些流言蜚語，它們對我而言，只不過是吹過耳邊的一陣輕風，改變不了什麼。我知道我自己在做什麼，我應該做什麼。我是一個轉世靈童，在這個世間裡有我的任務，我不能因為別人的誤會和流言就停止自己求索、前進的腳步，我要按照佛祖給我的訓示，在這世間走一遭，如同踩著佛祖曾在人間走過的腳印一般。

佛祖的話在什麼時候想起都會讓人心安，的確如此。『我指給你一條路，告訴你在此世中為人的種種幸與不幸，指點你看清六道的輪迴，希望你明白人生如夢，結願發心的重要，若你悔悟，在你離開人世之時，自然會有諸佛迎你前往西方極樂世界的。』

可是，並不是所有人都能明白，也正因此才有了人間的分別。我不在意別人如何說我，甚至是誤解我，我只知道，我此生為人是一個轉世靈童，我來是為了弘揚佛法，為了度人。無論這條路有多艱難，我都會一直堅持下去，一直堅定地堅持下去。

仙術

最近他的生意不太順利，好像虧了不少錢，而且還惹上了不少是非。

曾經他們幾個同行也是朋友，一起去旅遊，途經一廟，香火鼎盛，幾人便相繼抽籤。本來是抱著半開玩笑的態度，所以開始也並未當真。他的幾個朋友抽的籤雖不是什麼大吉大利的，卻也不錯，因此抽完了心情都挺好的，給廟裡也捐了些香火錢。出去旅遊不就是圖個心情愉快。偏他就抽了個下下籤。他不甘心，再抽，仍是下下籤。他有些急了，又抽第三籤，誰知依然如故。

他找人解籤，人家告訴他，兩年之內就別做什麼大買賣了，風險太大，而且看起來凶多吉少，不如不做。當時朋友們都勸他，這樣的事其實也不能太當真的，好的就信，壞的就不要信了，不信也就不靈了。說是這樣說，他便也只能如此了，但旅遊的好心情卻全沒了。

這件事之後他的確停頓了好一陣子，也沒做什麼生意，只按原來的情形維持而已。慢慢的，這件事的陰影淡了，他也覺得並沒有遇到什麼真正倒楣的事，於是便又不安分起來。恰好當時有人聯繫了一筆金額比較大的生意，希望透過他再聯繫另一人，然後一起去完成。他說，他當時完全沈浸在這個大手筆生意的興奮當中，完全沒有意識到裡面存在的危機。

我也明白他的想法。對於生意人來說，他們總覺得風險與收益是成正比的，風險越大意味著收益也會越大。所以，儘管他當時已經看到這筆生意所存在的巨大風險性，但他覺得這也正是這筆生意特別吸引人的地方。他幾乎沒有經過太長時間的考慮便一口答應下來，準備一起合作完成這筆大買賣。

但他栽了，栽在別人設計好的圈套裡，而且無處喊冤。他只能一點點地償還那筆被陷進去的鉅額款項。

他就坐在我對面的沙發上長吁短嘆著，全然沒了當初的意氣風發。

『要是我會點什麼仙術就好了，不知不覺就把銀行的錢變成我的，那該多好啊！我也不貪，只要把我被騙的錢都填補上就行了呀！』

我反問他：『那你覺得什麼樣的仙術能幫你這樣的忙呢？』

『哎呀，那可多了，什麼隱身術、穿牆術、點石成金，或者是什麼迷魂大法，不都行嗎？』

說完，他就坐在那裡笑，有點無奈，又有點自嘲。

其實他還是挺樂觀的一個人，因此才能在這樣的重壓下依然有勇氣開玩笑。

大家都聽說過有隱身術、穿牆術，但最讓人注意的恐怕是點石成金術吧，於是想起了一位德高望重的老和尚講的例子：

過去傳說，有人想從神仙那裡學點金術，但神仙告訴他說，這些被仙術變成金子的石頭在五百年後就不存在了，這人就說，那這樣的仙術我不學了，學了之後會教五百年後的人遭殃。既然金子會變得不是金子了，那我寧可不學了。於是他的師父告訴他：『你這一轉念，圓滿三千功德。』

仙術，也許存在，但是無法解決根本問題。唯有踏實，才是根本。

好在他明白這個道理，雖然也後悔，但知道彌補，用自己的踏實彌補當初所犯下的錯誤，其實也是一種巨大的勇氣，更是一種可貴。

來世做個女人吧！

最近我在電視上看到了一位評審，一位看起來是個女人，聲音卻是十足男音的評審。本來我並不知道那個評審是誰，因為明明看見是『她』在說話，聽見的卻是『他』的聲音，還以為是自己看錯或聽錯了呢，後來助理告訴我，她就是金星，是首例公開的變性人。

看起來，她還是很有女人味的，這是我的那位小助理說的，而且還評價說，她比剛做變性手術時漂亮、嫵媚多了，也更有女人味了！看來，人們已經接受了她變成女人的事實了，而且語氣中也沒有什麼反感。我想，這也許是因為她一心要做女人的誠心贏得了大家的贊同吧！我覺得自己的觀念還算開放，這個社會上出現了那麼多奇怪的現象，我幾乎都可以消化理解。看到金星，讓我想起了許多年前的一個人，那個曾經對我表示過非同一般的好感和愛慕的男人。他在我並無戒心的情況下表達了他自己的感受，但我無法接受，即使我不是佛門中人，我也沒有辦法讓自己面對並接受他的愛，這讓我覺得難過。我勸過他，然後慢慢疏遠他，最後不再見面。

我知道我修行得不夠，因為擺脫他的感覺讓我如釋重負。好在，應該還不算是傷害他，因為自始至終我從未對他說過任何尖刻或是惡毒的話，當然，我絕不會那麼說，甚至不會那麼想，無論他為了一己私利做過什麼傷害我的事，我都不會計較。

我只是在心裡默默地祈禱，希望他來世做個女人，而且做個好女人吧！能在輪迴的苦痛中做個好人，有個好些的歸宿，至少也是少受了些罪。

佛陀的願望中，有一條是國無女人願，而我卻希望像他一樣的人能夠修得來世成為女人。這並非與佛陀的本意相背，而是因為人的修行總要經歷艱難，不是一日可成的。當人們修男、修女、修今生、修來世之後，看明白輪迴的真義，自然就會看破世事，往生極樂世界了。

我不知道他是否還記得以前發生過的事，我只希望他能記得我對他說過的話：『來世做個女人吧，而且，一定要做個好女人，嫁個好丈夫，過一個好女人應該擁有的幸福生活。』

做男人眞累！

做男人真累！

我聽很多男人都這樣感慨過，發過牢騷，卻還是在孜孜不倦地一心一意地做著男人。

其實這樣說的人，對於生活的本質可能已經有所了悟，至少有所感嘆了。做男人累，當然要累，社會給男人的定義是多重的，一人分飾多種不同的社會角色，而且還要做好，談何容易，不累才怪。

但實際上，不但做男人累，做女人也累，社會壓力雖然表面上不如男人的壓力大，但作為一個女人所要承受的無形的壓力卻遠比男人來得多。打開網路，看到關於男人女人為人真累的網頁，隨便打開一個網頁，那些關於做男人真累的貼文和意見簡直有如排山倒海的架式，從電腦上撲面而來，擋都擋不住。什麼責任大了，膽量還得大，氣度也得大，就是肚子不能大，而且還得出得廳堂下得廚房；不會修廁所、自來水管等等的男人，在現代絕對不是好男人等種種意見……

看了這些不禁想笑，卻又覺得笑不出來；笑出來了，也覺得有些苦。做男人是挺累的，尤其是如今的社會，對男人的要求已經不是當年那種單一的讀書、做官的模式了，現在的男人既要會讀書，還要學會技能和本領；要達到既能養活自己，還能養活自己家庭的標準，如果做不到，男人就會覺得很沒面子，在人前也擡不起頭的感覺。

其實女人也不輕鬆，在男女平等的口號聲中，女人在各方面都希求著與男人平等的權利，在工作和家庭生活方面，越來越多的女人給自己加上了沈重的擔子，希望能和男人平起平坐。其實說穿了，不只是男人累，女人也累，做人總是很辛苦的，因為人始終在六道中輪迴，要受六道輪迴之苦，自然就要累。

即使累，還是有那麼多人想做男人，尤其是女人。她們認為，男女平等的口號再喊上一百年，男女之間也永遠不可能平等。因為男人與女人就是不同的，性別的差異、生理的差別、幾千年傳統思想的積澱和延伸，男人和女人是不可能真正平等的。

我的一個朋友就曾說，當她在公共場所的時候，她常會不自覺地希望她所遇到的男人都是真正的紳士，哪怕他們只不過是萍水相逢，也希望那個男人可以像個真正的紳士一樣照顧她、愛護她，那樣會讓她覺得一連幾天的心情都很愉快。比如說公車上有男士主動把座位讓給女人；進門時有男士主動為身邊的女士開門，並請女士先進；坐車時，男士會優雅地打開車門，並細心地用手遮著車門的上方，請女士小心上車；吃飯時，男士會細心地替女士拉開座位，並在女士將要坐下時把座位往裡推一下……

她說這些的時候，眼裡滿是憧憬。她自己也知道，很難遇到這樣的男人，但她自己也說，如果她是男人，恐怕會對有這種想法的女人敬而遠之，女人明明是要求男女平等的，為什麼這些時候就想起男人的用處和種種好處，希望有男人為自己遮風擋雨，而不大聲地喊什麼男女平等了呢？每當說到這些，她自己都會自嘲般地笑笑，覺得作為一個優秀的男人，真的很累。

然而再累，仍有很多人願意做這種男人，尤其是優秀的卻生活得很累的男人。在他們的心目中，男人也許是一種力量的象徵，男人是可以用自己的勇猛開創光明前程的人，而女人似乎永遠是生活在男人背後的角色，柔軟、溫順，但不夠堅強，如同需要依附的藤蔓。這也許是一種過於傳統的想法，即使為很多人所不齒，但仍然在許多人的心中扎根，在潛意識中根深蒂固。

《紅樓夢》中說，女人是水做的。或許正是大多數女人所表現出的那種溫柔，讓人們給男人和女人界定了各自的社會角色。太強的女人讓人害怕，正如太弱的男人會為人不齒一樣。

我倒覺得我朋友的想法其實並非不對，不需要用男權或女權的觀點去看人們，任何想法無所謂對錯。如果她一直希望有這樣的紳士生活在自己身邊，或許經過時間的淬鍊，來世的她會成為一個優秀的男人，誰能否認這種情況的可能性呢？所以聽她說她心目中好男人的形象時，我常常只是笑著，既不反對也不附和，由著她想，由著她說。

既然做人已經是這般的累，又何必給男人和女人強加上其他的枷鎖，平添煩惱和重擔呢？女人也好，男人也罷，累也累了，但也各有各的好，就算再累，也有男人想做個女人，還有很多女人想做男人，如果都能體會一下，就知道為人的累了……

生活是一面鏡子

晚上將近十點時，她打電話來，說她心情不大好，想和我聊聊，不知道我現在是否有時間？我告訴她，我現在還有一點事情，可能還要幾分鐘的時間，等這件事處理完，我再打電話過來。她說好，便放下了電話。

她其實是個非常細心的人，性格也很開朗，既可以和朋友們在一起瘋鬧，也可以獨自在房間裡靜靜地思考，偶爾還會在報紙上看到她的文章，文字的感覺清麗脫俗，看了之後覺得她有種不染塵世纖塵的純淨。很多朋友都說，她是個眼睛很『犀利』的人，對於世事看得很透徹，很明白，只是不屑趨炎附勢，否則她在哪兒都能過得很得意。

她似乎很喜歡目前這種狀態，做一份並不太忙的工作，有一定的經濟基礎養活自己，還有大把的閒暇時間與朋友在一起，做自己喜歡做的事情。看得出來，她是個很聰明的人。在我的印象中，她和朋友們在一起時，很少看見她愁雲慘霧的樣子，常見她只是嘻嘻哈哈地和朋友們在一起說笑，彷彿什麼事到了她那裡都不是什麼問題似的。

不過，這一次她這麼晚打來電話，多少讓我有些意外。她說她今天上街的時候遇見乞丐了，不是那種平時常見的乞丐。那是個懷孕的瘦削女人，她在天橋上坐著一張小凳子，身上穿著肥大的裙子，隱約能看見圓滾滾的肚子。她面前放了一張紙板，上面寫著：『是「愛」害了我』。

剛開始看見這字眼時，她還以為那女人像其他的人一樣，愛上了不該愛的對象，懷了孕之後卻被拋棄。這樣的事早已不是什麼新鮮的話題了，人們似乎也見怪不怪了，很多人連看都沒看那女人一眼就走過去了。

最初，她也和朋友們一起經過，可是不知為什麼，她像是被什麼拉了一下，便又回過頭來仔細地看了那女人面前的牌子。大意是說她老公在北京一家公司上班，前一陣子打電話讓她來北京生產、坐月子，但是當她從老家風塵僕僕地趕到北京那家公司時，人家卻說她的老公跟一個湖北妹跑掉了。而她就被扔在了這裡，連回去的路費都沒了。在那塊牌子的最後，還寫著說回家的車票要二百五十元，讓人覺得只要給她三百五十元，她就可以去買車票回家，再也不用在北京天橋上乞討似的感覺。

這樣的事發生在這個光怪陸離的城市裡，似乎並不是什麼新鮮的事，只要看見乞丐有一塊求乞的牌子，你就會看見各式各樣的原因，也許有真的，但更多的都是假的。

我問她是怎麼想的，是否給那個被『愛』害了的孕婦留下些什麼？她回答說自己什麼都沒有留給那個女人，因為從她發現這個女人一直到她離開天橋，包括此刻她在想了無數回這件事情之後，她仍然對那天橋上的孕婦充滿了懷疑和矛盾，也正因為如此，她覺得心中有個疙瘩解不開，因為太難過了，所以才想和我聊聊這件事。

她說，首先，這種乞討方式在城市裡以前就有過，以後也還會再看見。就像那些跪在地上假冒失去經濟來源的學生的情形一樣，那女人不過換了個藉口而已。其次，她覺得那個女人牌子上所謂的理由也不很充分。那個男人為什麼要多此一舉地打電話叫她來，然後自己再帶著別的女人跑路呢？乾脆就不要她了，不理她就得了！何必這麼費事?!還有，從頭到尾，她都沒說過自己的家在哪兒，卻只是寫著車費要三百五十元，這就讓人更不明白了！看她的樣子不像是南方人，可能就是河南、河北、陝西一帶的人吧，什麼地方的人，回家的車費要三百五十元呢？給人的感覺像是要錢，不像是要回家啊！

她說，她甚至懷疑那個女人的肚子到底是不是真的？因為她曾親眼見到一個趴在地上用手肘爬行的乞丐，在人群散去之後，猛地站起身來快步走開了，他的動作可靈活著呢，腿腳也根本沒問題！

她一口氣說出了眾多懷疑，但我知道，她沒有說出來的其實是她的同情、悲傷和後悔，否則她也不必一直耿耿於懷了。即使她見過再多騙人或真實的乞丐，但對於那個聲稱是『愛』害了她的孕婦，她為自己最後悄然地離開而感到無法釋然。

她認為那個女人在騙人，想靠說謊來博取人們的同情心，但她還是對自己表現出的冷漠而惴惴不安。她覺得，無論那個女人是真是假，也許她的確是懷孕了，無論那個讓她懷孕的男人是否真的拋棄了她，她都覺得應該對一個即將要做媽媽的人有所表示，哪怕只是問問她肚子裡的孩子有多大了。

但是她最終什麼也沒問，她說自己在生活的紛紛擾擾中逐漸變得麻木了，在越來越多的欺騙中學會了用冷漠裝扮自己，因而也失去了原本所具有的敏感和熱情。她不想再相信這個社會，即使面對朋友也會有所保留，她只在面對自己的時候，才會真實而深刻地剖析自己，不斷反省自己這樣做的結果到底會如何？雖然她不喜歡爭名逐利，但她還是覺得自己在日復一日的沈默和麻木中變得越來越現實了。

我雖然有些驚訝於她的坦白，但還是很高興她終於把那些讓她無法釋懷的感情釋放出來了。她這麼聰明，一定知道，生活中有些事是勉強不了的，也正因如此，自己難免會受委屈。能把自己所遇到的紛擾的事化解掉，是需要一種成熟的生活態度以及睿智和大度。而且很多時候，人是不需要勸的，只要肯述說出來，或者願意談談，他自己便會處理了。

掛上電話前，我告訴她，生活是一面鏡子，你一定知道在鏡子前自己的什麼表情最漂亮！於是，我聽見她在電話那邊鬆了口氣，並且輕輕地笑了。

學習本領有多重要

一位弟子向我訴苦，說自己的孫子今年十六歲了，正是應該好好念書的時候，但是他卻說什麼也不想上學了。家人輪番勸導，他都聽不進去，而且誰一說他，他就生氣，還想出各種各樣的理由來搪塞。家人問他將來到底想做什麼？他就拿出玩世不恭的態度，而且還振振有詞地說，其實學了書本上的那些東西也沒用，照樣什麼本事也不會，不如自己看什麼好就學點什麼，比耗在那些沒用的東西上強多了。

其實孩子有孩子的想法，一個時代有一個時代的特點。

我總覺得現在這個社會，每多學習一些知識，就等於又鞏固、加深了一項本領；每多學習一門課程，也等於又多學習了一項本領。

我有一位朋友，今年四十歲出頭吧，雖為書商，卻常說自己沒什麼文化素養。

在我看來，就算他本來的文化底子弱些，他年輕時畢竟還曾經是那個時代的文化人，而如今，就算已經多年沒認真學習過什麼，但出了那麼多本書，再沒文化素養也會被薰出來的。他就曾跟我感慨過，有文化素養真是好，什麼都能看明白。

他說這句話的時候是很認真地說的，並且是以他在社會上待了這麼多年的經驗得到的結論。

我明白他說的意思。即使如今不能用『萬般皆下品，唯有讀書高』來概括今日的社會風氣，至少我還是想說，讀書是捷徑！學習是捷徑！這種捷徑可以讓你在達到自己設定的理想和目標的道路上，少走彎路、少些不必要的坎坷。

突然想起了一個笑話。

兩隻老鼠在一起正討論學習的重要性，年紀稍長的老鼠要求小老鼠要好好學外語，但小老鼠嫌累，還說學外語什麼用也沒有。正說著時，突然來了一隻貓，兩下子就把兩隻老鼠按在爪子下，正準備大快朵頤的時候，大老鼠急中生智學了幾聲狗叫，結果把貓嚇跑了。大老鼠一邊擦汗一邊對小老鼠說：『你看，學會一門外語有多重要！』

有時候多學習一些本領在關鍵時刻是可以救命的。

說到救命又想起另外一個小故事。說是有一隻鴨子在遼闊的草原上練習飛翔，牠總是希望自己能夠像老鷹一樣在天空中展翅翱翔，可是卻一次次地失敗，一次次地摔倒。其他的鴨子簡直要把這隻小鴨子笑死了，嘲笑牠的自不量力，明明是鴨子卻想成為老鷹，那怎麼可能做到呢？不過寓言的諷刺總是不只於一點，因為那個經常練習飛翔的小鴨子，最終還是因為自己多學的這個本領而逃脫了被老鷹抓到的命運。

學習一項本領到底有多重要？平時也許你根本發現不了，甚至會覺得那些是負擔，是無用的消耗；但只有到了關鍵時刻，到了你需要用這個本領的時候，你才會明白，學會一項本領絕對是非常重要的。古人說，書到用時方恨少。有一句俗話也說『技多不壓身』，都是很有道理的！

快樂的本源

傍晚乘涼的時候碰到鄰居唐先生一家。唐太太抱著他們三歲的孩子，小傢伙長得很可愛，而且也會咿呀地說些話，很好玩的樣子。

唐先生平時工作很忙，我很少看到他這麼早回家，聽唐太太說，他是個工程師，總要去外地的分公司指導工程業務，一去就是大半個月。雖然孩子還小，但是像別的家庭那樣，夫妻倆逗孩子玩的情景，在他家卻難得見到。也許正是因為這樣，唐先生每次回來，都親熱地抱著孩子，總是想盡辦法逗孩子玩。

唐太太說，這時的唐先生就像個孩子，也不知怎麼了，他總能想出孩子願意玩的遊戲，並且也玩得滿有興致。

唐太太說這話的時候，小孩子已經被唐先生抱走了，他將孩子放在小鞦韆上，輕輕地搖晃著，小孩子笑得很開心，唐先生也是合不攏嘴。

唐太太對我說：『師父，看起來還是小孩子快樂呀，他自己快樂不說，還能讓別人跟著快樂。』

我不置可否。我知道，如果這個時候我跟她講人生的苦，那就大殺風景了。何不讓她在這個時候，真實地體會到做母親的快樂呢？

其實，仔細想一想，她說的話也有非常正確的一面。

佛家說人只要生活於世俗中，就是苦的。佛願意以大智慧讓人解脫，讓人得自在，這種自在，才是真正的快樂。誤解了這些觀念的人，會以為佛家人都是滿眼的苦難，不會有喜怒哀樂，更不會有情感。這是不對的。比如迦葉見佛陀拈花示法時，他的微笑就是悟道的喜。所有人得到讓他心靈解脫的道理、方法和感悟時，都會從心底裡高興的。

人間自然有人間的快樂，只不過，我們要知道這快樂不是解脫，更要知道快樂的本源是什麼。

很多人看喜劇片、聽相聲會笑，這是對幽默的反應，不是快樂；有的人搞惡作劇，或者看到別人的糗事會笑，這是心中有暴戾，有不平等，有惡趣，這不是快樂；有的人和朋友在一起就快樂，談天說地，和家裡人卻沒什麼話說，那麼，和朋友聊天是放鬆，而不是快樂。

什麼是快樂呢？有的人看書，看著看著便大聲叫好，對書中的某個觀點非常欽佩，古人還有看到興奮處喝一大口酒的故事，我想，這就是快樂。這種快樂和幽默、放鬆甚至是惡作劇是不可相比的。

有句成語：『會心一笑』，這才是快樂，從內心中昇華的一種情感，比如看書得到自己追求了很久的道理，雖然不見得會笑，可內心是快樂的。很多的快樂不是要靠風趣的言語和搞笑的行動，甚至，在看起來很苦的事情中，也可以得到快樂。比如，回憶往事時發現了自己的弱點，知道了自己的錯誤，這時人是快樂的。這快樂，和迦葉的那一笑，才是本質上的相同。

快樂，來自內心，不是別人逗出來的，也不是看相聲、笑鬧劇能得到的。

唐先生的快樂，在於他在小孩子面前，能夠讓自己回歸內心，釋放出自己孩子氣的一面；唐太太的快樂，在於她對家庭生活的滿足和幸福感。他們的快樂，是來自於他們愛家、愛孩子。

其實，他們哪裡會不知道人生的苦，遠的不說，唐先生為生計的奔波，唐太太獨自一人帶小孩子的麻煩，孩子成長、教育的壓力，他們是明白的。只不過，他們來源於內心的愛讓他們快樂。

如果，我們能將我們內心的愛，分給每一個人，我們也是快樂的。

愈多菩提心社會愈和諧

報上說，一個非常善良的女孩子一直在照顧鄰居家的孤寡老人，二十多年從未間斷。雖然這些年中，她曾有機會搬家、掉換更好的工作、求學等等，但是，為了有時間和精力照顧這位老人，她都放棄了，甚至在她結婚的時候，跟她的先生提的唯一一個條件就是可以繼續照顧這位老人。

二十年過去了，當年的小姑娘已經步入中年，老人也出乎眾人意料地長壽且健康地生活著。街坊鄰居都明白，沒有她，老人是根本活不到今天的。

現在她退休了，沒了經濟來源，可是她對老人的照顧依然如故。在她先生的支援下，他們借了好多錢，辦了個孤寡老人之家，專門照顧沒有生活依靠的老年人。

看到這則新聞，我的心被深深地震撼了。她的行為，已經不是用『孝心』可以概括的，要知道，那些老年人都不是她的親屬，而她卻將他們當成了親人。

我想很多看過這個故事的人，都會說她有一顆『菩薩心』。是的，扶弱濟貧，用自己的行為為眾生做善事，這樣的心不是菩薩心是什麼呢？

我的很多俗家弟子都是比較年長的。他們對我說，在世俗社會中，對老年人來講，最怕的是精神的空虛，也就是從工作崗位上下來之後，突然沒有事做時非常不適應，相比之下，生活的困難並不是非常突出。

老年人是為這個社會貢獻了一生的，他們非常的不容易，到了老年的時候，他們已經是弱勢群體了。可很多做子女的，卻認為老人吃喝不愁，無事一身輕，就是很幸福的了，其實這並不是以慈悲心去思考的。對他們，我們不但要滿足物質生活的問題，更要從內心上讓他們得到安慰和快樂。

電視上總有個廣告，一個老母親做了一桌子飯菜，等著孩子們回家。可是最終卻是自己一人空守到天黑。

一個人的心中得不到安慰，是最大的痛苦。

我想，對老年人這個社會問題，還需要家庭和社會兩方面的努力。如果社會上能有更多具有『菩薩心』的人去照顧孤寡老人，當然最好，可是一個人的菩提心不如一個社會的菩提心，也就是這個社會的每一個人都有菩提心，而這個社會的風氣、氛圍、人際關係是在佛的菩提心之下的環境，那麼，這就是人間佛教的極樂淨土了。

希望能多看到以慈悲心去對待弱勢群體的人出現。扶弱濟貧，讓更多的人得到物質上的幫助和心靈上的安慰，本就是佛家弟子的本分。這樣的人越多，我們的社會就越多了溫暖、和諧和快樂。

動物世界

我不常看電視，更不喜歡電視節目中的虛假、邪惡等社會現象。但是每到『動物世界』或者一些科普節目，有時間的話我還是會看的。今天的節目講述的是動物世界中殘酷的競爭，就讓我感觸頗多。

生存競爭是動物的本性法則，這種你死我活、血淋淋的競爭，讓很多人覺得動物兇猛而殘忍，其實這就是畜牲道的苦。更苦的，還有牠們的生命無時無刻不受到來自自然、天敵和人類的威脅。

然而，無論如何的苦，牠們都是生靈，是平等的生命。在佛法裡講，人類和動物、植物，一切有生命的東西都是生靈。從本質上來說，我們和動物是平等的。

經常看這樣的節目，就會知道在動物的世界裡，其實牠們是有感情的，比如母親對幼子的愛護，強壯者對弱小者的保護，失去同伴或愛侶的悲傷，這些都是生靈高貴的一面。多知道些這些方面的知識，或許我們就不會再傷害牠們了。很多不懂事的孩子，爬到樹上去掏鳥蛋，或者蹲在地上挖螞蟻窩找蟻后，這時要告訴他們，失去了孩子的鳥媽媽是悲傷的，失去了蟻后的小螞蟻是沒有家的，這麼做，都是對生靈的傷害。

孩子們或許不懂事，淘氣的天性讓他們做了不該做的惡事。但是大人們不能不懂得事理，不但要告訴他們道理，更應該從小培養他們慈悲的心。

我總是想到我的家鄉，在青藏高原上成群的犛牛、羚羊，還有些不常見的稀有動物，都自由地生存著。而所有的藏民都像愛護自己的孩子一樣愛護牠們，因為我們知道，在這片佛域中我們是平等的生靈。

前些年，一些不法分子捕殺藏羚羊的惡行非常猖獗，對此，藏民們不但在救護那些受傷的、幼小的藏羚羊，而且還自發地組成了巡護隊，不分晝夜、不論遠近地巡視在人跡罕至的山裡和草原，對抗囂張的不法分子。

人類被利益驅使，所以捕殺了藏羚羊，他們的心受到了貪念的迷惑，所以遮蔽了善良的本心，這是沒有信仰的危害。其實，藏羚羊固然珍貴，但是，其他的生靈不也是一樣嗎？我們要以一顆慈悲心看待世界，而不能分高低上下。

巴喬退役

巴喬退役了，這位球星終於做出了告別的決定。說實話，我對這個決定一點都不感覺意外，畢竟他已經到了這個年齡，不再適合在足球場上奔跑了。只不過，一個傳奇這樣結束了，心裡總是有些惋惜、懷念。

我接觸足球的時間並不算早，是巴喬帶領我走入足球世界的，自從第一眼看到他的球技時，我就被足球深深地吸引了。

巴喬留給我太多的回憶了，我想他也給很多的人留下了激動和興奮的美好回憶，想起他在足球場上的神乎其技和讓人傷悲遺憾的瞬間，都讓我覺得這是位真英雄。而現在，他也像英雄一樣告別了。

對巴喬來說，曾經有的那麼多榮耀和輝煌紀錄，都已經成為過去了，但是他在退役之前依然執著自己的信念，依然為了兩百個進球奔跑著，依然相信自己會進入國家代表隊。可是，就在退役的時候，他又是那麼絲毫不拖泥帶水的堅決離開。這個境界，就不是每個人都能做到的。

巴喬是佛家弟子，他的導師是日本著名作家池田大作。我不太了解歐洲和日本的佛教情況，但我想，根本的道理應該是一樣的，於是我也理解了巴喬為什麼在退役前那麼冷靜堅強，而在退役時又那麼堅決、平靜。

有一本巴喬的自傳《天上的門》，之前我沒有好好地看過這本書，當我知道晚上是巴喬的最後一場比賽時，我想應該好好地看看這本書，也算是我對巴喬的一種紀念吧。

不過，書中讓我感興趣的，卻是巴喬學佛的經歷。

『一九八七到八八年的賽季，我在佛羅倫斯踢了二十七場比賽，進了六球。我的進球比較少，主要是傷痛在作怪。我很少參加訓練，上場比賽時往往十分鐘後就精疲力竭了。我在這樣困難的時期開始信佛，這並非偶然。一九八八年元旦對我來說具有重要的象徵意義。這是新年的開始，也是我新生活的開始。元旦清晨七點半，我敲響了毛裡齊奧的家門。他是我在佛羅倫斯的一個佛教徒朋友，一直勸我皈依佛教。我原來是天主教徒，小時候常去教堂做彌撒，但我對天主教的信仰並不深，當我停止做彌撒時，我意識到這僅僅只是改變我的一個習慣罷了。在毛裡齊奧的堅持下，我對佛教產生了好奇心，開始羞羞答答地到書店找一些佛教書籍來閱讀，最後在一九八八年元旦時決定試一試。

『毛裡齊奧睡眼矇矓地開門說：「是你啊，出什麼事了？」我回答說：「我必須開始信佛，就是現在，如果你現在不答應，那就算了。」他當然沒有拒絕我的要求，就在那年元旦的寒冷清晨裡，我揭開了人生新的一頁。從那時起，我就再也沒停下。我每天至少打坐念經兩次，每次至少一個小時。在任何地點、任何情況下，我都從不間斷。』

在逆境中，人們往往更容易追尋些什麼，讓自己的心有種依靠。巴喬在足球生涯的一開始，就遇到了球員的大敵——傷病，佛教是他尋求心靈解脫的一個方式。我曾經想，在歐洲天主教、基督教盛行的地方，佛教的感召力究竟有多大呢？看來，現在可以解開我這個謎團了。

我知道，很多人信仰宗教，是要得到解脫，但是這種解脫往往是自私的。比如巴喬，他可以通過佛教祈禱不再傷痛，祈禱他的足球生涯更長一點、更穩定一點，這也是人之常情。但是一個天才在一開始就受到挫折時，他想的必然是『我為什麼要從事這一行』、『我應該怎麼樣做』這樣的問題，而不是『我的傷什麼時候能好』這樣的低層次問題，而這就是天才和庸才的區別吧。

我想巴喬是個公認的天才，他的想法我雖然不清楚，但我可以感覺到。正如他說的：『我在這個困難的時期開始信佛，這並非偶然。』

一個人，當他真正開始將自己的、身邊的一切逆境、挫折的事情，用宇宙萬物的思想去尋求答案時，他就有了佛緣。

有了佛緣的人，雖然由於種種原因不能專心修佛，但是他也是會受到佛的護佑，他也能從生活中思考出更精深的道理，這是普通人得不到的。巴喬說：『佛教的基礎是革命性的，講因果報應，每個人都要對發生在自己身上的事情負責。當年受傷時，我經常問自己的問題是：「為什麼偏偏是我？」佛教讓你換一個角度看問題，人生就是苦難。我總是多傷病，很容易產生別再踢球的念頭。但後來我明白了，生活就是挑戰，佛法則教我要不斷地挑戰。

『佛法讓我尋求覺悟，給我力量，幫助我避免迷失。舉個例子吧，我在維琴察兒童隊時，我們踢得很漂亮，有時會有上千人來看比賽，但最後踢出名堂的只有我。數年前，我在報紙上看到一個消息，我當時的一個隊友因為吸毒而被捕。我為了這個朋友也為了自己感到痛苦：又是一個人迷途了，而我未能幫助他。

『迷途是容易的。如果沒有佛法，我現在可能正在卡爾多尼奧和父親打鐵，或者更糟，沈迷於吸毒或其他惡習中。

『佛教教會了我許多東西，信仰佛教使你變得更加善良，使你處處為他人著想，讓你對自己有更清醒的認識，佛教同時教會我對自己更有信心。內在的精神修鍊使我的精神徹底放鬆，使我的精神能夠高度集中。信仰佛教使我意識到了自己的缺點，佛教還教我如何克服這些缺點，最後能夠戰勝自我。』

巴喬的佛教引路人德爾波裡尼也說：『有一點可以肯定，信佛教、靜思修鍊使巴喬從中得到了很大的幫助，這不僅對巴喬從事足球運動有所幫助，而且對巴喬高尚人格的形成也起了相當大的作用。』

巴喬的綠茵生涯是坎坷的，可謂大起大落，但他並沒有消沈和墮落，反而意志更加堅強。他認為，佛給了他很多啓示，激發出他的許多潛能，他說男人就如同一座冰山，你最初看到的僅僅是浮出水面的冰山一角，那只是很小的一部分，更大的潛能則隱藏在看不見的地方。現在我能夠最大限度地發揮自己的潛能：力量、能量、集中精力、熱情、創造性等，將自己的所有價值都體現出來，正是有了這種精神力量的支持。巴喬總是能以一顆平常心對待逆境，把壓力變為動力，從來不對自己失去信心。面對挫折，巴喬能冷靜看待，相信自己能夠重新崛起。正是這種信心使他日後受益匪淺，巴喬因此也成為近十年來世界足壇最受愛戴的球星之一。

巴喬的例子，不是弘揚佛法最好的例子嗎？

PART. 4 原點

過節方知身是客

今天是端午節，一大早我就給家裡打了電話。

長久的等待之後，終於聽到了電話那頭媽媽的熟悉藏語，還有姥姥慈愛的聲音；而爸爸卻不在家，即使今天過節又是星期六，他還在自己的工作崗位上忙碌著。媽媽說家裡一切都好，姥姥的身體也還好，除了偶爾有點咳嗽之外，姥姥看起來一點也不像是九十歲高齡的老人。

聽媽媽絮絮地說著家裡的情形，我的眼睛有些濕潤了，想起姥姥佝僂的背影，還有永遠充滿了慈愛笑容的臉龐，便不由自主地想到了一個成語：鶴髮童顏。我真的希望姥姥能夠一直這樣，身體硬朗，吃什麼都香！

媽媽還說，其實現在過不過節也沒有那麼大的不同了，畢竟端午節也不是咱們藏族人的節日，只不過就是找個理由讓一家人開開心心地聚在一起而已。即使是端午節，家裡準備的依然是家鄉人傳統常吃的糌粑、酥油茶，還有藏族人喜歡吃的一些點心。媽媽在電話那頭說著，在電話這邊我似乎就又聞到了那些從家鄉的上空飄來一絲絲、一縷縷、綿綿不絕的香味。

最後，媽媽又詢問我在北京的生活，並囑咐我要好好照顧自己。我想，媽媽在那一刻並沒有把我當成一個轉世活佛來對待，而只是她心愛的兒子罷了。一個獨自在外的兒子，長得再大依然是她的孩子，在她面前，我永遠是她長不大的孩子。

掛上電話，我才發現自己的眼淚滴在了桌上，有那麼一汪，像一面小鏡子似的照著我眼中的鄉愁。我可能是有些想家了吧！窗外的街道比平時還要熱鬧，也許是因為過節的緣故，我看到的多是笑臉和高興的聲音。其實，住在這麼高的樓上，我根本分辨不出來下面行走的人到底是在哭還是在笑，我只是覺得，過節了，人們理應高興一些吧。而只有這個時候，我才真正地感覺到自己是身在異鄉。

佛說，西方有極樂世界，人皆往之。

什麼時候，當我們能夠在西方極樂世界相逢的時候，怕是就沒了家鄉和異鄉的區別了吧！

端午節，我沒有吃粽子，也沒吃雞蛋，更沒有喝南方傳統的雄黃酒。但我也算是真正地過了一次端午節，因為在這一天，我打電話用藏語向家人問好，在過節方知身是客的時候，替我的家人，以及所有人向佛祈禱。但願永無異鄉，而全是樂土。

南無阿彌陀佛！

處處是家鄉

今天她突然問了我一個事情：『你去過藏族餐廳嗎？』『啊？哦，去過啊！』我的回答似乎一點也不在她的意料之外，好像所有在北京的藏族人都必須去過似的。

她是最近剛剛皈依了的俗家弟子，雖然還算不上是篤信佛法，但卻相信佛法是使人心向善求得安樂的一條道路，因此，也算是虔誠地皈依了佛門。經過別人的引見，我們見了幾次面，發現她對很多事情都存有很強的好奇心，時不時就會問我幾個沒關聯的問題。而我的回答，對她來說似乎並不那麼重要，只不過是個起頭而已，引她自己進行更深入的思考。

她說，她最近一直在思考家鄉和異鄉的問題。我的心裡不禁一動，這個問題對於生活在北京的人來說，恐怕是最普遍會遇到的問題吧！前幾天，我不也思考著這個問題嗎！

說起北京的藏族餐廳，我倒覺得那裡的戀家情結，其實遠不如帶給人們異地風情的感覺來得更濃烈。餐廳的名字似乎是給離家在外的藏族人提供一個與家鄉環境相似的地方，提供具有濃郁的鄉愁和歡快的異鄉情緣的氛圍，實際上，不論是吃的東西，還是號稱是藏族的歌舞，與地道的藏族味道並不完全相同。不過，說實話，我倒是挺喜歡那裡的，再怎麼說也是一種相似的感覺，有了這樣的連結，家鄉的樣子就可以在自己的心裡重現了，反倒不必完全拘泥於外界的環境到底有幾分相像。

沈默了半天的她卻突然說：『要是處處都是家鄉，該多好啊！』

雖然她一直說自己不是個合格的信徒，即使已經皈依佛門，心裡卻總有些半信半疑的猶豫，但是，就從她說的這句話，我反倒覺得她其實對佛法的理解一點也不淺。

佛曾許願說，當一切眾生都可證得無上菩提之時，便可脫離六道輪迴，到我佛所居的佛刹，也就是通常所說的西方極樂世界，則會功德圓滿、無缺無憾。這個極樂國土，當然是人心所向的，在那樣的地方生活，應該不會像現代人一樣時常想家了吧！

但是人啊，還是會時常處在矛盾之中或在十字路口徘徊，既捨不得家鄉的至親至愛，又抗拒不了異鄉的誘惑，於是人們就時常把自己困在圍城之中，在城外時，羨慕裡面的生活；在城裡時，又懷念著外面的自在……

但是，我相信佛陀的願望一定會成真，等有一天，一切眾生都信我佛，證得無上菩提之時，那就處處都是家鄉了。

最好帶著輕鬆的小背包

我有個非常細心的朋友，每次見面總會體貼地問我想去哪裡。其實我是比較隨意的人，雖然我既不喝咖啡、也不喝茶，但只要朋友喜歡，無論是咖啡館還是茶館，對我來說都是一樣的，只要有白開水就可以解決所有的問題。

因為事先約好了地方，我總會穿著合適的衣服出現，幾乎從沒穿著不合時宜的服裝出現在公共場所。畢竟生活在人群中，有些細節是需要注意的，即使不為自己，也應該為朋友考慮。穿著一套不合時宜的服裝與朋友出現在公共場所，即使自己不覺得怎麼樣，但卻可能給朋友帶來一些不好的負面影響，那就因小失大了。

但如果說我個人講究穿衣的樣式、材質，似乎又不完全是那樣。了解我的人都知道，我的衣服中有很多是穿著比較舒適的牛仔褲、T恤，少有的幾件西服類的正式服裝也是帶有休閒性質的。我喜歡顏色比較素雅的衣服，尤其喜歡白色和天藍色，因此，我的衣服裡除了大多數的白色衣服、西裝、T恤之外，其餘的多是一些顏色稍有變化的天藍色衣服。有時換上這樣的便服站在鏡子前時，眼中出現的卻不是自己，而是家鄉那片澄藍的天空和雪白的雲。或許，這也是我對這兩種顏色有著特殊喜愛的原因吧！

有時候，朋友會向我抱怨說生活太累了，在社會上生活的人最少需要兩副面孔，即使有一副可以保持自己的本色，另一副卻要裝扮成另外一個模樣，需要上了行頭、戴了面具才能粉墨登場的。

我完全能夠理解朋友所說的苦衷，因為這樣的情形可能在很多人身上都發生過，也正在發生著。更有甚者，有的人可能有好幾副面具，卻獨獨丟了自己的本來面目。有時候，我覺得在自己身上也不同程度地發生著類似的情形，只不過，我很清楚，並且竭力放棄著那些虛假的面具，而只以自己的本來面目生活。

人生本來就有那麼多的苦難和痛楚，我們為什麼還要人為地給自己設置更多通向單純和幸福生活的障礙呢？如果每個人都能放下那些粉飾過的面具，只用自己真實的一面生活，那麼，我們的社會就會少了很多鉤心鬥角和爾虞我詐的事情。這樣，我們給自己設置的困難和痛苦也就會少很多吧！

和朋友在一起談心的感覺很輕鬆，與講經時的鄭重和嚴肅的感覺不同。即使生活中需要以不同的態度來對待，人生也不該是用厚重的粉墨描繪的虛榮去過日子。如果我們覺得生活又苦又累，不妨放下其他的面具，而只戴著自己前行，那樣的話，背包的輕鬆或許就會帶來生活的輕鬆，以及我們追求了許久的單純的幸福吧！

想起，一段少年時光

講經回來的路上，路過了市中心最大的體育館，據說裡面的體育設施和器材也是全市最好的。不過我還沒有進去過，因為住處就有很多的健身器材，所以經常在家鍛鍊，也省了許多在路上奔波的時間。

然而觸動了我的心的起因，是幾個結伴走進體育館的少年。看樣子他們也就十五、六歲吧，幾個人說說笑笑的，都背著大概裝著鍛鍊需要用的東西的背包，看他們興高采烈地一起走進了體育館的大門，臉上洋溢著天真無邪、無憂無慮的笑容，心裡突然就湧起了一些感傷，彷彿又看到了過去那個在青藏高原上淘氣卻很討人喜歡的自己，身邊也總有幾個好朋友在一起開心地笑著的情形。只是，那情形離我已經越來越遠了，和好朋友們在一起無拘無束，像小孩子一樣無憂無慮地歡笑、蹦跳，似乎只有在夢中才能回到當時了……

我知道自己曾是許多人心中的謎，就像我也曾對自己知道、所做出的事感到驚訝一般，我是人們心中的一個謎團，一個無法用普通標準來衡量的孩子。

可是即使這樣，我依然自由自在，而且不缺乏好朋友，就算在十多年後的今天，我仍然清楚地記得和好朋友們相處的那段時光，那段用青春的激情寫滿了少年時代的往事，成了我心中永不褪色的記憶，與家鄉那碧綠的草原和永遠蔚藍的天幕相繫相牽。

每當我想起這一幕時，便會湧起對家鄉那片淨土的想念。而我，雖然遠離家鄉，即使中間隔著千山萬水，彷彿也聞得到家鄉那熟悉的味道：草香裹著酥油茶的味道，在我翕動鼻翼的時候，那熟悉的味道就會像長了翅膀一樣地鑽進我的鼻子，於是感覺又重新回到了家鄉，回到了那無憂無慮的少年時代一般……

突然，幾個和我一般貪玩的小夥伴站在廊間罰站的情形又出現了，當時自己心裡在想什麼呢？已經不記得了，其實原因好像也不那麼重要了，只是記得在看到小夥伴的愁眉苦臉時，我就覺得好玩得想笑，可是也不敢真的笑出來，於是就時不時地歪歪嘴角或是齜齜牙。那幾個僥倖逃脫了被罰的小夥伴，則會像我往常那樣，在午休時迅速跑回家，用袋子裝來所有能吃的東西慰勞我們這些挨了罰不准吃中飯的同伴。其實各種東西混在一起，實在是不好看，但是對於我們這群饑餓的小傢伙來說，那時候吃到的糌粑和酥油茶都是最香的！

我甚至還記得自己躺在草原上，枕著手看著一朵朵的白雲從蔚藍的天空中飄過，它們在風中變幻的形狀，給少年時代的我最豐富的想像空間。而每當我真的沈醉到裡面，靜靜地感受著來自大自然的和諧、寧靜時，常常會覺得自己被籠罩在一片光亮中，彷彿全身都沐浴在舒適和幸福之中，身體的重量也會越來越輕……

在一個人的一生中，他的少年時光到底佔著什麼樣的分量？我曾聽人說過，一個人這一輩子幾乎就是為了他小時候的經歷、記憶和夢想而活著。也許真是這樣吧，在每個人的內心深處，應該也和我一樣，藏著一段關於少年時代的回憶，在人生那漫長和短暫的腳步中，或多或少地重現著那段有些青澀、甘甜又難以替代的少年時光的種種感懷……

散步

我喜歡在晚飯後出去散步，雖然這樣的機會少得可憐，但只要有時間，我都會一個人出去走走，在散步中看看別人的生活，想一些可能根本是一些毫無頭緒的念頭。

難得在如此炎熱的夏季下了一場來勢迅猛、去勢同樣迅猛的暴雨。樹葉還張著乾涸的嘴等著雨露的滋潤，雨卻絕情地一溜煙兒跑沒影了。雖然感覺雨還沒下透，可是卻眼看著雨就停了，而且竟有地面就跟著乾了，這場雨真算得上是來也匆匆去也匆匆。不過，好在悶熱的空氣中還是有了一絲涼爽的氣息，讓人覺得全身的毛孔似乎都張開了，在呼吸這雨後的清新空氣。

人們似乎都意識到了這難得的清涼，雨剛剛停，便迫不及待地爭相出來散步了。有很多小狗也跟著出來湊熱鬧，在人群中跑前跑後，似乎也為這難得的清涼而興奮著。人們在樓旁的小路上快步走著，有的只是一個人放輕鬆地走著，有的是三、兩個人邊走快步邊聊天。和他們相比，我的散步則毫無目的可言，就這樣信步走吧，反正無論怎麼走都是散步。

不遠處的幼稚園裡已經沒人了，旁邊的健身器材附近則滿是喧嘩的人聲，看著在做各種運動的人們，不禁讓人感慨，現在的人越來越懂得愛惜和保養自己了！當然，這是好事。有時候，想想人的一生，那些遙遠又切近的理想似乎只是生活遠處的一個座標，走走停停的時候，看看那個座標的方向，知道自己還要繼續走下去，似乎這就是所謂理想的全部意義了。然而當人們真的到達了那個自己曾經為之狂熱的理想時，似乎又遠不是當初的滋味了，於是便有了下一個理想，下一個目標，下一個人生的停靠站。

一對帶著孩子的年輕媽媽在互誇著對方寶寶的聰明乖巧，看著嬰兒車裡那粉嫩白胖的小嬰兒，的確讓人心生喜愛。經過她們身邊的時候，我聽見其中一位媽媽在教自己稍大一點的孩子親小妹妹，於是空氣裡傳來小孩子的幾聲響亮的親吻聲，我笑著回頭看，那位媽媽誇著孩子，又要她再親親小妹妹的媽媽，站在她身邊的阿姨。小孩子做著親吻的嘴形，但聲音卻不那麼響亮了，逗得兩位母親都在笑，那位年輕的母親一邊笑一邊說：『妳怎麼偷賴啊……』小孩子卻還是那樣天真無邪地咯咯笑著……

雖然我的腳步早已遠離了那對母親和孩子，但心裡卻依然在想著她們和氣一團的樣子，尤其是那個小孩子響亮的親吻以及咯咯的笑聲。看著身邊經過的、表情有些漠然的人，突然有些感慨那位母親對孩子的指導：她教孩子親吻她的小妹妹。多好的舉動，帶著多麼大的友善和愛心！如果，每個人心裡都能再多藏一些這樣的愛心，那麼，人們臉上的表情是不是就不會再如此冷淡、漠然？

再見雍和宮

今天我又去了一趟雍和宮，看到我所熟悉的那些塑像、雕刻，以及那些熟悉的文字、圖案時，心裡突然就湧出了『再見雍和宮』這句話，其實心裡並不是準備和它道別的，只是像久違的朋友再次見面時突然湧起的一種感慨而已。

雍和宮是北京市內最大的藏傳佛教寺院，也是中外聞名的藏傳佛教寺院之一。雍和宮本來是清康熙帝在京城東北的安定門內為四皇子胤禛修建的大宅，因為賜予四皇子胤禛『雍親王』的名號，所以這座新修建的王府便被稱為雍親王府。後來胤禛繼承帝位，年號雍正，新皇帝遷入紫禁城，閒置的王府便一分為二，一半用作藏傳佛教格魯派高僧修行的僧院，另一半則留作行宮，雍親王府後來也因此更名為雍和宮，並在隨後近二十年的時間裡正式成為皇家寺院。

雍和宮的歷史算起來相當悠久，據說當年宮裡不但有很多佛事活動，同時還是雍正帝御前侍衛等機關的衙署所在地，專門進行秘密活動，例如為皇帝刺探情報、排殺異己等等。而之所以說這裡被稱為是『龍潛福地』，則是因為這裡曾出了兩位皇帝，當雍正帝暴卒在北京西郊的圓明園中後，他的靈柩曾被停放於雍和宮中。本來雍和宮的建築規格就可與當年的紫禁城皇宮相媲美，這樣一來，雍和宮更成了當時全國規格最高的佛教寺院。後來，也成為專門供奉清帝祖先的祠堂。

由於雍和宮的前身為王府，所以它的建築格局與其他的寺廟並不相同，看起來這裡更像是一座簡縮了的王宮。牌樓、昭泰門、天王殿、雍和宮大殿、永佑殿、法輪殿、萬福閣、綏成樓等殿堂樓閣一律按由南至北的方向排列在長約四百八十公尺的中軸線上，宮東西寬近一百二十公尺，而天王殿、雍和宮大殿、永佑殿、法輪殿和萬福閣等五進大殿，構成了雍和宮的主體建築，其中以法輪殿和萬福閣最為輝煌。在主要建築的兩翼，兩兩對稱地建有鐘鼓樓、碑亭、密宗殿和講經殿、教學殿和藥師殿、班禪樓和戒臺樓、照佛樓和雅木達嘎樓、永康閣和延綏閣，以及東、西順山樓，東、西配殿。

關於雍和宮的傳聞相當多，就連那些大殿及殿內外擺放的物品也多有淵源。在今日看來，許多存留的東西絕對算得上是價值連城的古董了。

乾隆九年（一七四四年），乾隆皇帝曾大興土木，增建許多寺廟殿堂，並將雍和宮改建為一座藏傳佛教寺院。殿中供奉的彌勒佛為木刻貼金像，兩旁則是泥塑彩繪四大天王像。殿內的供桌兩邊陳設著一對古銅薰爐，據說這是清代乾隆年間的皇宮御用之物。傳說乾隆皇帝的母親孝聖憲皇太后有一年得了重病，在雍和宮東書院休養，有一夜被雍和宮內的鼓樂、誦經聲驚出一身冷汗，第二天竟大病痊癒了。為了表示敬意和感謝，太后就將這兩只薰爐賜給了雍和宮的喇嘛取暖。從那以後，清朝的皇帝每次到雍和宮拜佛，也都是用這個香爐進香。

傳說和掌故總是會讓現存的古董增添歷史的厚重和一些神秘的色彩，如果對過去的那些史實或傳聞略知一二的話，再看今天仍舊擺在雍和宮內示人的古董時，感情自然就不同了，似乎那些遺失於塵埃中的往事也會隨著被珍藏起來的古董再次重見天日一般。我喜歡看那些身上裹著沈重顏色的青銅器，每每盯著它們看時，我常會不自覺地出神，在腦海中想像著與那些古老的器皿一起在歷史的長河中天馬行空。

雍和宮裡的殿堂，一一說起，均有歷史，然而至今最為出名的，恐怕還要屬雍和宮內最高大的殿閣萬福閣。萬福閣也叫大佛樓，高三十多公尺，三層的飛簷，全部是木結構。從閣的外表來看，是一座三層高樓，但從閣樓裡面看，則是一座沒有樓板相隔的通體高閣。正中供奉的就是舉世聞名的白檀香木雕彌勒佛像，這尊彌勒佛像高達二十六公尺，其中有八公尺埋在地下，十八公尺露出地面，直徑達到八公尺，全身重量約一百噸，頭部在萬福閣的第三層，頭頂離閣頂的藻井只有一、二尺，佛像的胸部正當閣的第二層。據說這尊佛像是利用一棵白檀香木雕刻而成。一九七九年維修雍和宮時，人們發現了這棵白檀香木，雖然被埋於地下近兩百年，然而木質仍然堅硬、完好無損，人們便就此雕刻了彌勒佛像，並為佛像塑了金身。這尊佛像不僅是雍和宮的『三絕』之一，也是中國最大的獨木雕像，它現已經被列入金氏世界紀錄中了。

關於這棵白檀香木，也有個傳說。雍和宮初建時，這裡原是一座觀音殿，內有一座木雕的娃娃山。乾隆十五年（一七五〇年），乾隆皇帝平定了西藏郡王朱爾默特的叛亂，把西藏的軍政大權交給了第七世達賴喇嘛，第七世達賴為了報答乾隆皇帝的恩典，用大量珠寶從尼泊爾國王手中換回這棵巨型的檀木呈獻給乾隆皇帝。乾隆命精工巧匠將這棵白檀木雕刻成一尊巨佛，並在大佛像立妥後，建造了萬福閣。老北京因此有『先有佛像，後有宮殿』、『先有大佛，後有雍和宮』的諺語。

雖然不能經常到雍和宮去，但內心裡對雍和宮卻有著一種自然的親切，即使看到那顏色豔麗的雕飾，也會倍感親切，總能從那些熟悉但實際陌生的景物中，嗅出濃濃的家鄉的味道來。看到宮殿裡面目慈善的佛祖，在塵世中飄浮的心就會慢慢沈靜下來，有一種心有歸屬的安樂感。

我喜歡雍和宮，哪怕踩著的是有些塌陷的地面，或是扭身看到了歷經數百年的窗子、折頁，包括看到院裡那些同樣經歷了風雨的老樹，都會讓我感到欣慰，覺得所有這些事物在面對了佛祖數百年的光陰之後，都是有了靈性的，用老百姓的話說，是沾了香火氣，有了仙氣的。

再次見到了雍和宮，總會有著不同往常的感受，也總會有再次相見時的種種感慨，真的與雍和宮道再見時，是真的希望能夠再次見到雍和宮……

長生

今天給家裡打了電話，問了問家裡的情況。因為過一陣子就能回家一趟，所以特別問問家裡有沒有什麼需要。

姥姥的耳朵更背了，甚至根本聽不清我在電話裡的聲音。

但聽到姥姥的聲音依然如故，這讓我的心裡多少還很安慰。

有人曾對我說，他會好好地規劃自己的生活，然後到六十歲，如果能活到六十歲的話，他就自己了斷，不想繼續活下去了。也就是說，按照他們的規劃，他們的壽命最多就到六十歲，六十歲就將是他們生命最長的一個盡頭。

我從來不覺得他們真的會按照自己的規劃去生活，因此也從來不相信有人會好好地活到了六十歲，什麼事情都沒有便自己了斷了。

因為我覺得人其實都是希望自己能夠活得長久，活得長命百歲，活到長生不老才好。

有這種想法的人不在少數吧！為了求長生，幾乎試遍了世上所有所謂的靈丹妙藥。秦始皇在求長生不老時所表現出的貪婪和執著，現代人其實本質上也一樣。聽說有部電視劇的片頭曲相當好聽，我偶爾便也聽到了一次，唱得的確渾厚有力，不過我發現了，歌詞裡就唱了：『我真的還想再活五百年！』看來，即使是現代人所理解的古代帝王，依然脫不了長生的俗套。其實這一切都是正常的，人間如此美好，自然會讓人流連忘返。如果能夠留在世上隨自己的心性去做事，長生不老實在是快慰人心。

放下輪迴的苦楚不談的話，我又何嘗不希望人們都能夠長生不老呢？假如人們願意在這世上多停留，能夠隨心地生活在世上，那該有多好。

姥姥今年九十多歲了，身體還很硬朗，在我看來，她與許多老人相比自然是幸福的，不但身體並沒有太多的病痛和苦楚，就連她的智慧也是隨著年齡而增加的，這恐怕也是她會讓許多人羨慕的一個重要原因吧！

那些想要在六十歲就結束自己生命的人，也許就是擔心身體的老邁導致各種器官和機能的衰退，因此身體無法按照意願來達成自己規劃中的各種要求了吧?!但我想說，其實完全不必如此。

不說別人，就拿我的姥姥來說，她一生為善，燒香、念經、拜佛，為的是眾生的幸福，她的睿智和善良常常為人所稱歎，也正因此，姥姥一直身體健康，也算是長命百歲了。所以說，人只要多做善事，不做違背良心的壞事，即使不為眾生求福，也可以為自己求得一生的幸福，並給自己種下來世的善因。

長生，其實並非遙不可及。只要你想，只要你做，你終會得到。

崇拜

她說，她曾像追星一樣的崇拜我。

我知道。

但我告訴她，那樣是不對的。

因為佛的力量遠遠大於人世間的眾生，是眾生的力量無法抗衡，也無法相比的。

我是藏傳佛教的一個轉世靈童，在漢地，對我們有個雖然很普遍但是不確切的稱呼——活佛，一個肩負著佛的使命在人間弘法的信徒和使者。

然而，我不是佛的奴僕，因為佛祖告訴我們，眾生皆平等。

當我告訴她活佛非佛，亦非活著的佛，無須崇拜時，我看到她的眼睛逐漸瞪大，彷彿對我說的話相當吃驚，然後又逐漸回復她最初的狀態，似是有所省悟。

我說的當然是真的。

我只不過是個人而已，說起來，也是眾生之一。活佛，或者準確地說應是轉世靈童，並非是佛，並非生活於人間的佛陀，本質仍然是人，與眾生一致。而崇拜，只是人們放置感情的一個辭彙，並沒有太多實質的意義。有世人喜歡追星，並用崇拜來形容這種感情，但那其實並非崇拜，充其量是一種感情的自我宣洩而已。

對於我來說，身為一個轉世靈童，來到世間，絕不為世人的崇拜而來，也不會為帶著世人的崇拜而去。一個在世間弘法的活佛，意在佛法，意在弘法，又豈會迷戀紅塵的崇拜，在世人崇拜的眼神中迷失了弘法的本義?!

只不過，世人又需要這種崇拜，有了這種崇拜，才會有精神世界的臣服與追隨。雖然這並非佛祖本意，崇拜卻是眾生對於精神世界歸屬而邁出的第一步，並且為大多數人所接受。所以，我不拒絕世人的崇拜，因為人們對於佛的皈依又豈是崇拜代替得了的？

我曾滿足過許多人對我的崇拜心理，更確切地說，是對於佛的一種崇拜心理。為他們寫符，教他們念經、念咒，幫他們加持、灌頂，無論他們出於什麼樣的意圖，只要是親近佛祖的行為和要求，我都一一地滿足並慨然地應允他們。

因為我總覺得，無論在他們的心裡，對佛祖的看法如何，也不管他們出於什麼樣的目的來求佛、拜佛，至少他們有這樣一種親近佛的行為，而只要他在求佛的那一刻心裡是虔誠的，哪怕只是用世人對待明星的崇拜心理，也是好的，我也是歡迎並支持的。求佛的門檻永遠會對眾生敞開，沒有任何障礙，並且隨時歡迎眾生踏入，可以不同的面目，甚至可以帶著不同的表情，和不同的心態。

所以，崇拜雖然並不確切，但每個人都可以憑自己的心願去做，以你自己的方式去接近佛，用你自己的心願去供奉你心中的佛。活佛雖然不是佛，但是活佛心中有佛。崇拜活佛，也就間接地崇拜著佛；有了這種崇拜，眾生離佛就越來越近了！

穿越想家的愁緒

聽說她放假的時候常去雍和宮，原以為那是她有信仰的一種表現，但她說，她只是想家罷了。

想家的時候會去雍和宮！她可真是個聰明的人，知道在哪裡可以找到歸屬感，可以在哪裡得到和家一樣的安慰及溫暖。

其實她的家鄉在東北，並非西藏。但在雍和宮，那種清廷式的雕樑畫棟、藏傳佛教的佛像和僧人，都讓她覺得心裡平靜，且親切、安全得如同回到了家鄉一般。

家鄉，一個把自己和所有家人囊括在內的地方；一個有著親人和朋友的地方；一個放飛理想和夢想的地方；一個承載著從幼兒長大並走向成熟的地方；一個懷揣著所有夢想就可以上路，可以隨時懷念，而且無論何時回來都會感到異常親切的地方。或許，只有家鄉，這生養了自己的地方，看似毫無瓜葛實際卻是血脈相連的地方，才有這樣難以割捨的情感。

每一個離家在外的遊子都想念過自己的家鄉吧？也許家鄉的一切都不如漂泊的城市漂亮、發達，但家鄉的一切都是熟悉而富有人情味的，而且是附著了自己的印記和回憶的地方。想家的時候，每個人的方式也都不相同。可以回家看看，可以遙寄思念，可以倚窗憑弔，也可以借景生情……

剛剛離開家的時候，我也想家，而且想得厲害。身在異國他鄉，人生地不熟的，那時候我是多麼想念家鄉的酥油茶、甜茶、糌粑、酸奶子，還有用牛羊肉做成風乾肉的味道啊！為什麼在不是家鄉的地方，即使食物再像家鄉飯菜的樣子，味道也是截然不同的呢？

我想念家鄉人常用的圍裙、袍子、被子，還有那種特別的地毯，姐德秀的圍裙、箚囊的氆氌、浪卡子的藏被、加查的木碗、拉孜的藏刀、拉薩的金銀器械、仁布的玉器……我用藏語複述著它們，彷彿它們就又在眼前了。而那些充滿了藏族風情的衣服和飾物，則成了我心中最潔白的哈達，平時並不輕易示人，只有在最尊貴的客人來到時才會獻上。

當初我想家的時候，我常在佛前念經。對我來說，只要把佛法修習精通，家鄉近在咫尺，何處不是家鄉？或者，世人也可以把這看成是修習佛法的好處，在悟與不悟之間，無論是誰，其實都可以從佛祖那兒尋找到你想要的答案，如果你的心再誠一些，佛法懂得再多一些，你就會明白，在向佛靠近的過程中，有無數煩惱隨著你靠近佛祖的腳步而四散各處，不復靠近。換句話說，你離佛越近，你的煩惱越少，你所有的憂愁和困惱便會在佛的注視下得到排遣和化解。在佛所指出的世界中，人是沒有任何煩惱的。

想家的時候，我們可以通過各種方式排解自己的愁緒，如果你相信的確有那樣一個沒有任何煩惱的世界，不如也向佛靠近，嘗試一下減少煩惱的樂趣，感受一下憂愁越來越少的輕鬆。

給我想念的朋友

有一次我請助理在十點整之前提醒我，有個重要的電話要打。當時他們感到很奇怪，一般來講，我的行程都是他們安排的，我有什麼重要電話要回覆，他們都是事先記錄的，而這次，我卻在當天臨時安排一個『重要電話』，難怪他們顯得摸不著頭腦。

其實，這個電話對我的弘法事業來講，沒有什麼關係，但是對我個人來說，的確是『重要』。今天，我在玉樹州師範讀書時的一個要好的同學布桑結婚了，作為朋友，我要送上我的祝福，作為活佛，我更要為他們祝福。

布桑畢業後又到四川的一所師範大學進修了兩年，現在，已經是玉樹的一個中學教師了，聽說，他的課講得不錯呢。

其實，在他到四川進修時有機會留在成都，對我們來說，能夠上學這件事，就是一個很大的夢想了，誰不想自己的事業、生活環境更好一些呢？但是，他可離不開家鄉，離不開生活過的雪域高原。

這麼多年了，我也曾經常回憶起家鄉的樣子，回憶起小時候和夥伴們玩耍的情景。但是，自從被認證為活佛之後，這麼多年了，經常是在外面弘法，很少能在家鄉待上一段日子，幾次回去，也都是忙著料理寺裡的事。每回下了高原，才後悔沒有好好地看一看家鄉的山水，好好地找小時候的夥伴聊一聊。

十點鐘的時候，我給我的另一個同學尼瑪打了電話，我知道他在參加布桑的婚禮。尼瑪一時沒聽出我的聲音，或許是我們多年沒有聯繫的原因，或許是他那邊太吵，而手機的訊號也不好。突然，他大聲地叫了一聲：『紮西，是你嗎？』

他還是叫我紮西，這是我上學時他們對我的稱呼。

尼瑪很快把電話給了布桑，聽得出布桑很激動，他在電話那頭說：『紮西，同學們都給了我祝福，唯獨沒有你的。』

我急忙說：『別著急，現在我以直貢噶舉盛噶仁波切的身分，祝福你們。』

我聽得出布桑將手機放在了麥克風前，裡面的聲音在我聽來有些空曠和奇怪，我知道不能浪費時間，於是按照藏傳佛教的傳統，為他們誦經祈福。

我對布桑說：『對不起，我不能給你們做灌頂了，這是我很愧疚的。』

他在那邊大聲地回說：『紮西，我已經很感激你了。』

我笑了笑，又說：『布桑，現在我以你的老同學身分祝福你，希望你們家庭幸福，同時，我也希望你好好地教你的學生，讓我們藏族的孩子更有學問！』

直到我放下電話，助手們才知道我這個『重要的電話』是怎麼回事，他們笑著看著我，臉上的神情又是驚訝又是興奮。

這就是我今天做的唯一一件重要的事，至於其他的，我已經不把它們放在心上了。

知己者明，勝己者強

來北京有一段時間了，但是我還沒好好地遊覽過，每天都是在匆匆地和朋友、弟子或者佛教界的人士談事情，即使出門也總是搭朋友的車，很少能走在街頭，感受一下北京的風土人情。

今天終於有機會出去走走。北京的變化非常大，我的感觸也非常多。

第一是人多，而且南腔北調，說什麼方言的人都有，所以很容易分得清誰是北京人，誰是外地人。但是如果我想分清楚那些外地人的家鄉是哪裡，可就非常為難了，因為我來自少數民族的地區，不像漢族地區的人接觸那麼多方言，我只能聽出大概的區域，比如東北人還是江南人等等。

第二，北京的交通並不是想像的那樣方便，人多，車也多，所以出行不方便，總是塞車，相比之下，坐地鐵是比較快捷的。

早上的時候，看到那麼多人在公車站等車，不禁突然感到生存的艱難。我知道，有些北京人每天在上班下班的路上，就要花費將近三個小時的時間，每天都是早出晚歸，十分辛苦的。

在路上，我還看到有很多人騎著自行車，車的後架上還帶著大概是午餐的飯盒，這種情景我以為只能在兒時記憶中尋找得到，沒想到在北京還能看到這一幕。

北京就像個吸引力很強的大磁鐵，吸引了全國各地的人來這裡尋求發展，就像尋夢一樣，每個人都希冀在這裡實現什麼，而每個人也都經歷了差不多的軌迹：漂泊、彷徨、頻繁的跳槽直至尋求到穩定。而更多的人還在漂泊和徬徨中掙扎著，可是他們寧願這樣漂著，也不願意回到家鄉過那種雖然安定但平庸得讓人發懶的生活。為什麼？就是因為心中有個夢想，有個希望。

然而在這個過程中，真是苦樂自知啊。有的人在『北漂』的過程中明白了自己的自信和激情只不過是一廂情願，逐漸找到自己的座標，生活態度更務實，對自己的認識更清楚，於是可以找到事業上的對稱點。

而還有一些人呢，卻無法清醒地認識自己，在現實狀態和內心需求之間產生了落差，加上不會化解這些情緒，難免就產生了不滿和怨恨，於是生活更加不如意，最後連事情也做不好了。

現在這個時代，人的流動性越來越大，尤其是年輕人，頭腦裡已經沒有多少地域的概念，對他們來說，不管在什麼地方，那只不過是一個承載著他們夢想的城市，如果它無法承載，那麼再換一個就是了。

中國有句古話：『知人者慧，知己者明；勝人者力，勝己者強。』這話的意思是，明白別人的人是有智慧、聰明的，明白自己的人才是明智的；勝過別人，可以說能力和人格力量比對方高出許多，可是只有戰勝自己的人，才是強者。

這麼多人都在漂移著，可是，其中又有多少人是明智的強者呢？

智慧讓我們堅強

網路上有一個很好玩的測試題，這個遊戲是問一些問題，之後讓參與者從備選答案中選擇，當題目做完了之後，網站上會分析你上輩子是什麼人。每個人可以玩自己的，也可以看看別人的答案。

這只是個遊戲，我們不能當真的，但是其中有些問題是不錯的，比如，其中一個題目是『如果只有一次選擇機會，你會選擇什麼？』答案有：健康、金錢、地位、智慧。

我看了別人的答案，百分之四十多的人選擇了智慧，百分之三十的人選擇的是健康，其他兩個選擇的人就很少了。

我想，這個答案可以代表大多數人的選擇。我們雖然在現世中追求財富，追求個人的價值，但是，放在第一位的還是通達世間的能力，和美好生活的本錢。

金錢和地位是可以給現實生活帶來好處的，畢竟，可以讓一個人過上富足、滿足的生活。但是，為什麼有更多的人寧願拋棄直接的好處，而去選擇至少表面上暫時沒有什麼作用的智慧呢？

我想，是因為智慧讓我們更能理解生活、人生和世界，理解了這些，人生本身就是幸福的。認識生活的本質，認識世界的真理，這會給人生活的信心，讓我們更堅強地面對生活的困難和人生的苦難。

如果有人統計：世界上最堅強的人是誰？那麼我想，絕大多數的人會說母親。這是為什麼呢？因為母親是這個世界上經歷苦難最多的人，事業、家庭，她們分擔得幾乎比男人還多，但她們在生活中卻往往不被重視，沒有人為她們分擔更多。

而她們也是這個世界上最有慈悲心的人，對子女的撫養和教育，如果說世俗的父親有一些功利心的話，她們卻沒有任何的私心，始終是希望兒女平安、幸福，而不會像男人一樣希望兒女有事業、有發展的欲望。

為什麼母親能這樣堅強、微笑著面對人生？我想，這是由她們的智慧決定的。她們當然沒有男人在生意場上的精明，也不一定有更多的學識，從聰明的程度上來說，她們是比不上男人的。我所說的智慧，是她們對人生的態度。因為她們經歷了那麼多的生活波折，吃了那麼多的苦，所以她們知道生活的艱辛是避免不了的，而不管有多困難，所有的一切都會過去，人生總是苦和甜交替地參雜在一起。

也正是母親對任何人、事都沒有私心，即使是對最心愛的兒女，也是僅抱有簡單和樸素的願望，而不是奢望。這樣的質樸心願，如若放在更多人的身上，那麼這樣的心懷就十分接近佛的菩提心了。

所以我對弟子們說，智慧就意味著堅強。

那個學習漢語的藏族人

今天認識了一個中央民族大學的學生，他是藏族人，也是藏傳佛教止貢噶舉的弟子。在七歲的時候就受了戒，用俗話說就是出家做了僧人。由於非常刻苦的學習佛學，加上很有天賦，所以被推薦到民族大學進修。

他跟我說，他的第一個願望就是好好地學習漢語，不只是能說、讀，而且，最好也能在古文上有些進步，可以看懂漢傳佛教的經文，以後可以做一些翻譯校對的工作，至少也可以讓自己在佛學的修為上更高一些。他還說，即使在學校裡有很多藏族同胞，他還是堅持說漢語，想努力提高自己的漢語水準。

我十分欣賞這個弟子的刻苦求學精神，對於一個從小在藏族地區長大的人來說，我們接觸漢語的途徑也就是基礎教育裡一些有限的知識，或是在電視、廣播裡聽到一些漢語，大部分地區則是連對話、讀寫的環境都談不上。

我想，對他來講，能走出藏區來到北京學習漢語，是下了很大的決心和毅力，而他學習漢語是為了鑽研佛學，甚至可以做一些功在千秋的事情，為佛教的流傳和發展做更多的貢獻，這可以說是他的功德。

很多朋友覺得我的漢語說得好，相比之下，我想我的漢語水準應該是比較好的。這也得益於我經常和漢地的朋友交流，堅持讓自己在漢語的環境中學習。對這一點，我是深有體會的，在我弘法的最初階段，由於我的漢語發音和辭彙運用的問題，我甚至擔心自己講座的效果，是不是所有的人都能聽得明白。

記得有一次在新加坡的弘法講座之後，當地的一位僑胞弟子跟我說：『仁波切，我們希望你一定用祖國的語言講座，盡量不要用翻譯和助理。對我們海外華人來說，你所講的每一句話都讓我們感覺親切，讓我們的心靈得到更多安慰和啓示，你會越講越好的！』我那時的漢語還不是很好，但這位老人的話對我有了非常大的鼓舞。

佛家修持八萬四千法門，沒有哪個法門是捷徑和方便之道，只是方法不同，但萬宗歸一，就像千萬條河流，有的是洶湧澎湃地流動，有的是平靜的涓涓細流，可總是往著大海的方向流動的。

語言只是一種交流的形式和工具，不應該有任何高低之分，我可以用漢語、藏語和英語說法，可是，這工具是為了服務眾生的，因此我們也就得講求一些效果和效率。在漢地，普通話是廣泛應用的交流方式，為了表達得更清楚，為了讓求法的人領會更多，我堅持用漢語弘法，也堅持用漢語寫日記，提高自己的漢語水準。在這個過程中我做了很多努力和付出，但是，這種付出是為了眾生，為了佛法的弘揚，所有的辛苦都是值得的。

我那個還在修習漢語的弟子，則是用發願的心在學習，我知道一個二十幾歲的年輕人，剛剛接觸一門因為地域環境的差異而變得很難的語言，但他學習的信心和願望源自於堅定的信仰。我想，假以時日，他對佛法教義的理解和體會將會越來越深，而他在弘法的過程中，所能講述的也一定會更加通俗易懂、深入淺出得多。

工作是做什麼的？

在網上碰到一個女孩，剛開始聊天的時候，我能感受到她內心的浮躁，當時就猜到，她遇到了一件需要她做決定的事情。

果然，她正因為對工作環境的不滿發脾氣，我能感覺到她情緒的不穩定，和對生活、對人生的情緒化的發洩。

對待這樣的情況，先不能問她怎麼了，更不要問她為什麼，而是要用你的話語溫暖對方的心靈，讓對方放下暴戾，不再對任何事情有反抗情緒。很多時候我們勸人，不是我們說的沒有道理，也不是對方不講道理，而是應該怎麼講道理才能讓對方聽進去。

聊了一陣之後，我漸漸知道，她在一家很小的公司工作，因為學歷和經驗的關係，所做的是一些像接電話之類的雜事。應該說這樣的工作十分枯燥，而且也沒有什麼發展前景。

她想換工作，可是，她又不太有自信，不知道該換什麼樣的工作才好。現在，她有幾個選擇，可是，我仔細地聽她講之後，覺得那只不過是從一個地方換到了另一個地方，實質的工作並沒有什麼不同。

我告訴她，與其繼續做一些類似的工作，還不如留在原來的公司，和一些相熟的同事學些業務性的工作。但是一旦有了機會，要果斷地轉行，寧可收入少一些，或者在起步階段辛苦一些，也要去做業務性的工作，因為這樣才能學到更多的東西。

我把我的想法告訴了她，她也非常同意我的觀點。

一個人選擇工作，最重要的是分析事業前途和自己的發展前景。有些行業確實有不錯的物質保障，但是卻學不到任何知識，幾年下來，你會發現這幾年做的事，和第一年做的是一樣的。也就是說，幾年的時間，你只做了一件事情，而這件事情其實根本不用你去學著做。到了想轉變的時候，時光耽誤了，卻兩手空空。

對於年輕人來說，我認為最重要的是選擇方向和前途，哪怕眼前的利益小一些，但我們是為人生總帳進行投資呢，所有的準備期都是辛苦的，但是值得。

聊天到最後，我對她說，凡事不要著急，更不要被情緒影響。情緒這東西很奇怪，它對人和事沒有什麼幫助，卻總是形成障礙，可是，大多數的人卻不知道迴避自己的情緒。

她想了想，說：『對呀，你的話對我很有幫助，你一定是個經驗豐富的中年人吧。』

我告訴她：『我才二十七歲呢，其實說到社會經驗，我還不一定有妳多。』

她傳了個笑臉過來，說：『可是你說話很成熟啊，也很會開人的心鎖，有點像佛吧。』

呵呵，她猜出我的身分了嗎？

美麗的家鄉

我的鄰居是一家很好的人，夫妻倆事業正蒸蒸日上，生活穩定，感情也非常不錯，他們有一個上小學的男孩，雖然有些調皮，但很讓人喜歡。他們經常邀請我去他們家作客，互相交流學佛的心得。

今天那個孩子發生了件有些為難的事，老師要學生們以『我的家鄉』為題目寫一篇作文。本來這是個很普通的題目，幾乎每個學生都會遇到。但是對他來說，卻是為難了。

他說，每天上學放學，都是爸爸用車去接送，每天都在學校裡，週末時還要去上各種補習班，長這麼大了，北京的許多名勝他都沒有去過，甚至還比不上來北京旅遊的外地人去得多呢！

他說，我連家鄉是什麼樣的都不知道，怎麼寫『我的家鄉』呢？

我相信孩子說的是事實，現在的學生每天在學校、家裡、補習班之間來去，有的孩子連離家最近的超市在哪裡都不知道。

要說家鄉的風光，他們是看不到的，風土人情就更不用說了，幾乎是什麼都不了解。而家長又限制他們看電視、讀課外書，少了很多了解身外的世界的機會和途徑。

這真是這一代孩子的不幸。現在的孩子連接觸一下小動物的機會，都要去動物園。偶爾遠離城市去郊遊，就更讓大人們笑話了，他們根本不認識五穀，也不知道蔬菜是怎麼長成的。

我想，大人們在笑的時候，應該想一想，孩子在成長的過程中，是不是少了很多東西？

想起我小時候，在我沒被認證為轉世靈童之前，我的童年和大多數人一樣，天真、頑皮，接觸了很多人和事，更重要的是，越能積極地參與社會的孩子，似乎越早成熟。

比如，讓我寫『我的家鄉』這題目，我可以寫出很多別人看不到的東西，也可以寫得非常有趣和活潑，那是因為我從小就學會了用心去觀察世界、用心去思考每一個問題，而不是做一個小書呆子。

家鄉的美麗景色養成了藏民質樸、熱情、胸襟寬廣的民風。在都市生活的人，是體會不到這一點的，匆匆的汽車、擁擠的人群和侷促的高樓大廈，總是讓人不知不覺地行色匆匆，好像總有個人在後面追著，時間長了，人心就容易壓抑、煩躁。

但是站在青藏高原上，不自覺地就會覺得世界大了、內心純淨、心胸寬廣了，人在一望無際的藍天下，看到的是牛羊成群的草原、星羅棋佈的氈房，還有遠處悠閒馳騁的犛牛、羚羊和野驢，如果再向遠方望去，則是終年不化的雪山，一點點銀色出現在無邊的綠色上，在陽光下成為耀眼的珍珠，可是看的時間長了，一眨眼的功夫就又看不清了，讓人誤以為見到了神話中的美景。

如果有幸去高原上的湖泊看看，又是一番用言語形容不出來的景色了。很多漢地的人都知道高原上有個藏傳佛教著名的勝地『納木錯』，傳說它的水源是天宮裡的玉液，被天宮的神女當成一面寶鏡。

在納木錯，可以欣賞到藏區最典型的風光，湖的南面是雄偉的高山念青唐古喇山，北面則是起伏和緩的藏北平原，湖水就夾在群山和草原之間。如果走進湖中半島的紮西寺裡，放眼近處的湖水、遠處的山和草原，鼻子裡吸進的是藏香的香氣，聽到的是寺院裡的鐘鼓聲音，那種感覺，是最好的作家也形容不出來的。

另一處非常美的湖泊就是我的家鄉的青海湖，藏語裡叫『指溫波』，意思是『青色的湖』。

在古代，它還被人稱為『仙海』。這也可以說明它的美麗了。

青海湖四周被大通山、日月山、南山和橡皮山包圍著，從山下到湖泊之間還有蒼茫的千里草原，所以站在青海湖畔，往任何一個方向看去，都是湖、草原和山的構成。

青海湖四季的景色是不同的，我曾經多次去那裡遊玩，真正體會到佛經裡說的不可思議的境界：夏末秋初的時候，草原上星星點點地全是野花，而湖水則是碧綠的一片。到了冬天，遠處的雪山就像是朵朵雪蓮，而湖面則像是玉石砌的，在陽光下閃閃發亮。

在我走出家鄉、去異域求學之前，我仔細地欣賞了高原的美景。此後，我曾和很多人講過家鄉景色的神妙，但是，我的描述是那麼蒼白，我怎麼也想不出最美的詞去形容，最後，只好跟朋友們說：『你們去看看就知道了。』

那時，交通還不是那麼方便。現在，入藏的機場、鐵路和公路都很便捷，而且很多地方已經建設得不錯了，我想，會有越來越多的人，去我的家鄉領會佛域裡不可思議的美吧。

西藏的勇士

今天聽到一個壞消息，西藏登山探險隊一行十一人在準備攀登世界第十一高峰迦舒布魯姆I峰時，一輛載有四名隊員的吉普車突然遭到落石擊中，主力隊員仁那受了重傷，搶救之後還是不幸遇難了。而另一名主力隊員邊巴紮西則傷勢嚴重。

仁那是西藏的勇士，我早就聽說過他的名字，可是一直無緣相見，沒想到，這位勇士這麼早就走了。而最令人痛心的是，世界上有十四座八千公尺以上的高峰，他已經登上了十三座，只剩這一座高度排在第十一的迦舒布魯姆I峰，沒想到即將成功的時候，卻永遠不能如願了。

很多人不能理解：人類為什麼要登山呢？那麼危險，而且也沒什麼價值，登上去又能怎麼樣？

我想，生活在平原的人是不會明白山裡漢子們想征服高山的願望的。在我們藏區，那一座座只有飛鷹才能夠飛得上去的雪山，讓我們就是想要比飛鷹飛得更高，這不僅是勇氣的問題，還是我們世世代代的理想。

我曾經見過幾位登山隊員，他們中有的是專業的登山家，有的是業餘的愛好者，不過在聽到仁那、次仁多吉、邊巴紮西、洛則、加布、阿克布、拉巴、紮西次仁、桂桑、吉吉等這些西藏的勇士時，打從心裡欽佩讚美他們。我想，如果他們知道仁那和吉吉是夫妻時，他們更會讚佩他們的勇氣。我也曾問過他們為什麼酷愛登山，他們最常回答的答案是：『作為山的孩子，不登山還做什麼？』

更讓我激動的回答是，一個對登山運動非常了解的愛好者說：『仁波切，你知道嗎？我們祖國境內的高峰是外國人先登上的，我們也要把國旗插在山上！』

這個答案，我想也是每一個勇士的內心願望。

一九九二年四月，西藏自治區政府決定組建全部由藏族運動員組成的『中國西藏攀登世界十四座八千公尺以上高峰探險隊』，並計畫從一九九三年起，在十年的時間裡，讓國旗插遍世界之巔，而這探險隊裡面的主力隊員就有仁那。

當然，十年登十四座高峰是非常不容易的，平均不到十個月就要登上一座，這在人類登山史上也算是壯舉了。但是，由於天氣、準備工作等因素，這些勇士並沒有完成他們的目標，不過，十一年中能登上十三座，已經足以讓每一個人激動和讚佩了。

想一想，在青藏高原上，當我們看到那麼多高峰的時候，我們會自豪地說，比那高得多的山峰，都插著我們的國旗，是中國人、是藏族的勇士征服了它們！

我不懷疑其餘的勇士還會征服第十四座高峰迦舒布魯姆I峰，那只是時間的問題罷了。但是我想當吉吉登上山頂時，她會在心中默默地對仁那說：『我們已經在山頂了。』沒錯，是『我們』。仁那在輪迴中的元神，一定會聽到的，我想，在那個時候，吉吉和仁那的靈魂，是並肩站在山頂的。

我的布達拉

今天，是我十分興奮的一天，這一天的心情格外地好，因為就在今天，國家對西藏三大重點文物的保護維修工程正式開始了。聽自治區政府的朋友說，這次工程總投資達到三億元之多，而且全是國家出錢，不需要藏民花一分錢。

這是多大的喜事呀。

記得小時候，在我還沒有被認證為轉世靈童之前，就聽家鄉的人說布達拉宮如何如何壯觀，薩迦寺有多少古老的傳說和歷史，他們都說，如果能在布達拉宮、能在納木錯轉經一次就是最高的福分了。可惜當時我在離拉薩遠隔千里的玉樹，當時的交通還不十分發達，要去一趟拉薩，跋山涉水的辛苦是可想而知的。即使如此，也還是有許多人步行走去拉薩呢。當時，只有幾個老師跟我們講過布達拉宮的景象，而我們只有在課本裡，或是別人帶來的書裡，簡單地看一看布達拉宮和其他寺院的照片。

而我是直到被認證為活佛之後，才真正有機會去了一次拉薩，才真正地走近布達拉宮。而那麼多的喇嘛、信徒們，恐怕一輩子都只能在夢裡走上朝聖之路吧。

我記得那是在一九九六年前後，那時的布達拉宮正在維修中，聽那裡的師父們介紹，從一九八九年開始，國家就先後撥了五千五百多萬元以及大量的黃金、白銀為布達拉宮進行維修，就連聯合國的教科文組織都認為，布達拉宮第一次維修的設計和施工達到了國際先進水準，是『古建築保護史上的奇蹟，對藏文化乃至世界文化保護做出了巨大貢獻』。

也就是在那次，我第一次撫摸了布達拉宮有著四百年歷史的磚牆，第一次參觀了歷代達賴喇嘛的靈塔殿，朝拜了帕巴拉康大殿內的觀音菩薩像……

布達拉宮對西藏的歷史、對藏傳佛教的歷史，都有重要的意義，其實這名字本身就是普陀洛迦的梵語的音譯，而普陀洛迦，就是觀世音菩薩的勝地。布達拉宮就是觀世音持航普度眾生的意思了。

布達拉宮最早是松贊干布建立的宮殿，後來在五世達賴時，又在宮殿的遺址上擴建了現在的布達拉宮，後來也經歷了多次擴建。

現在，布達拉宮已經成為了世界上著名的朝聖聖地，即使不是信仰佛教的人們，也對西域高原十分嚮往，有很多人羨慕地對我說，他們的願望就是去西藏看看呢。國家能重新修建西藏的歷史建築，不僅僅是對西藏建設的重視，也是對藏傳佛教的支持。

現在在西藏，還有很多藏民的生活還不富裕，甚至有些貧苦。但是他們對佛教的信仰是堅定的、真誠的。很多人說，西藏是這個世界上少有沒被污染的地域，而藏區的民風、民俗確實是淳樸不受世俗社會的影響。

而西藏，對於佛教的歷史，對於世界的文明，又都是一塊十分重要的遺產。能造福善良的百姓，造福佛教文化的事情，我又怎麼能不高興、不激動呢！

或許這對經濟發達地區的人來說不算什麼，但是對世代生活在高原上的虔誠信徒來講，是多麼重大的時刻呀。

想想你現世的父母

小康和我認識的時間不久，他畢業三年了，求職卻總是不順心，看著他的同學發展得都比他好，心裡總是有些失望和不安。上次他跟我說，有時候真不知道活著為了什麼。

他問我：『仁波切，有時候真羨慕你，一生下來就是有用的人，而我們呢，卻不知道做什麼好，好像哪裡都不缺我們這樣的人。』

我立刻反駁他，『我生下來就是轉世靈童，這是事實。但是你不要以為作為平凡人生下來就是平凡的。我雖然為佛家做事，可是你一定要明白，佛家做的事情都是為了眾生。你做的事情，也應該是這樣，如果你這樣想，為眾生做事，而不是計較個人的報酬、地位，就不會有「不缺你這樣的人才」這種想法。要知道，你能做的，也是眾生需要的。』

小康說：『仁波切，你說的道理我懂，但是，我怎麼能把道理轉化為實際行動呢？』

我給小康出了個主意，如果覺得困惑、委屈和迷惘，而還不會以眾生和社會的角度去思考問題的話，那麼，可以想想離自己最近的，比如父母。

很多人可以發願，但是很多時候，這種發願是一時的，不會堅持多久。這很正常啊，也是修持路上必然的過程。如果不會為眾生發願，可以將眾生轉化為身邊的人，為他們發願，也是一個途徑。

我對小康說，現世的父母是非常辛苦的，也非常偉大。如果你覺得人生沒有意思，那麼，他們養你這麼大，他們的『意思』在哪裡呢？多少年的心血要換為一個沒有希望的人生嗎？

很多為人父母的，不是不知道撫養子女的苦，在很多時候，他們都是自己承擔了苦，而給孩子快樂。他們的苦，不是面對前途的迷惘，而是實實在在的現實問題，比如要很辛苦地掙錢，要時刻的擔心，要為了孩子和家庭捨棄自己的很多利益，在兒女的埋怨、過錯面前，還要無私地原諒、鼓勵。而現在的孩子受了什麼苦呢？無非是錢不夠花、工作不順心，或者是愛情上有些小小的挫折，都是一些小事情，怎麼和父母相比呢。

如果一個年輕人在事業上有了挫折，想想你的父母，他們不會希望自己的孩子沒有勇氣和信心。如果一個年輕人想片刻地放縱，想想父母一輩子含辛茹苦的生活，他們可是省吃儉用二十幾年，你的記憶裡有沒有他們揮霍金錢的時候？如果一個年輕人對人生了無生趣，想想父母，他們的人生又談何『有趣』？

『父母』二字，就是天下最沈重的辭彙，它包含了太多，讓每一個人不得不面對自己的內心。

有多少人做了惡行，天不怕地不怕的，可是一提到父母就會悔過，這是為什麼？因為每個人內心中都有一塊柔軟的地方，而這柔軟，正是父母在撐著呢。

想到父母的時候，我們都會覺得，應該為他們做些什麼了。

這一想，就如同佛家觀想佛的莊嚴妙好時，心裡會不自覺地嚴肅起來，為眾生發願。所以說，『父母』二字是現世中每個人的願心，是最沈重的慈悲。

小康走的時候非常高興，他給媽媽打了個電話，說他一切都好。

看到他這樣，我也非常高興。我也希望像他這樣的年輕人，雖然有一時的不如意，但心中常常想一想父母。這對做事，做人，都非常的有好處。

不要忘記愛過的人

今天江先生對我說，他遇到了麻煩了。不過，看他笑嘻嘻的樣子，哪裡是遇到麻煩的樣子！

他說，他的初戀情人來北京了。兩個人原本是同學，後來由於各種原因分手了。江先生說，如果當初他們都考到北京的大學，或許現在就是另一個結局了。

他說這話時停頓了一下，又若有所思地說了句：『如果當初真的在一起，誰知道現在是不是早就鬧得跟仇人似的了。』

江先生這話說得有境界了，如果真的在一起了，未必日子就能過得好，如果沒在一起，也不一定心裡沒感情。初戀可能就是這樣，一輩子也放不下。但生活可不能有假設，我們知道生命的無常就好了。

江先生說：『仁波切，你說我們見面會發生什麼事呢？』

這個江先生，都老大不小了還在開這種玩笑。我知道舊情復燃的狀況，現在也不少見，可是我不贊成這樣對待情感的方式。

我知道江先生在和我開玩笑，我問他：『你肯定是還喜歡她了，不過你還喜歡她什麼呢？』

江先生沈思了一會兒，很嚴肅地回答我：『其實，我都不知道我現在喜歡她什麼了，就是個感覺吧。其實我什麼都知道，如果真論感情和生活上的和諧，她比不上我太太。如果我破壞了這個感覺，我們就什麼也沒有了，反而會有怨恨。』

江先生是個明白人。

面對初戀情人，我想每一個在世俗中的人，心中都有說不清的感覺。但是，聰明人不去破壞這個感覺，讓它朦朧著才好，一破壞，就知道那已經不是愛，而是對自己的束縛了。多少人不明白這個道理，以為舊情如酒，越老越香，破壞了家庭之後，才知道真正適合自己的是家庭，而不是感覺。

像江先生這麼聰明的人，這個世界還是少。

現在大部分人都在感嘆真愛難尋，其實，他們都不知道，真愛就在自己心裡，而不是誰能給誰的。這也許就是幾乎所有人都對初戀情人念念不忘的原因了。

所謂真愛，就是一個人不敢忘掉的東西，比如男孩和女孩在一起，女孩愛乾淨，就必然要求男孩的衛生習慣。

時間長了，這個好習慣就成為男孩生活裡的一部分了，這是忘都忘不掉的，即使分開了，男孩也會感激對方，因為這個好習慣會影響他一生的生活。

類似這樣的例子有很多，我們要在愛情中學會感激。

要知道，對方給你的，是要你一輩子都帶著的，而不在於對方是不是能和你生活一輩子。不忘掉這些，愛就永遠存在著。

現實中當然也有情人反目的時候。這是人們不懂得感激，更不懂得愛情是帶一輩子的情，而不是佔有的貪念。

我們常常看到報紙上有這樣的消息，兩個人分手後，男方便採用暴力手段傷害對方，甚至傷害女孩的家人。他是不懂愛的，要知道她所給予的，不管是生活習慣也好，對生活的態度和觀念也好，在你失意時的鼓勵也好，都是一生的財富，這比強求人在身邊要富有得多。

江先生說得對，這個感激的心，是不能去破壞的。如果他真的和他的初戀情人發生了什麼，那麼，他失去的不只是人，更是那種感恩的情。人沒了這份情，日子也就不好過了。

一日爲師，終身爲師

今天，許久沒見面的王女士打來電話，問我大後天是不是有空。我聽出她的聲音有些疲憊，而且情緒很不好，便問她發生了什麼事。她說她的老師去世了，大後天是出殯的日子，她希望我能去送一下，如果可以的話，能否再為她的恩師超度一下。

我立刻答應了她的請求。我知道，師恩是最難忘的。

藏族人是非常尊重老師的，在我們藏傳佛教，一個修行人的上師是要比現世的父母還要尊貴的，如果說是父母給了一個人的肉身，那麼是上師給了一個人靈魂和生命。

我大致問了王女士關於她老師的情況，老人家是她的中學老師，一生非常樸素，幾乎沒有什麼特別的享樂，只是把所有精力放在孩子們身上。王女士說，別看他們分別的時間有二十幾年了，老人家病重的時候，還認識來看他的學生並能叫出每個學生的名字，甚至還記得當年在學校裡的趣事。

王女士在電話裡感嘆地說：『那麼多的學生呀，這次我見了同班同學都叫不出名字了，有的人不自我介紹都忘了是自己同學，可是老師卻都還記得。』

這樣的老師，我是欽佩的，這說明他把心思都放在了學生身上，至少他是個值得人尊重的老師。

我安慰王女士說：『生死是世俗人無法避免的事，畢業這麼多年了，妳還記得妳的老師，還為他的後事這麼做，他這一輩子就是值得的。』

王女士說：『我怎麼能忘了他呀，小的時候不懂事，他說的話我都不聽，長大了之後，每次想起他的話對我都有幫助。中國有句老話，「一日為師，終身為父」的。』

雖然話是『一日為師，終身為父』，不過我想，還是『一日為師，終身為師』的好。這是說我們要永遠記得恩師的教誨，而只有這樣，才是對老師最好的紀念。

很多人都覺得大學的老師，或者對自己好的老師才值得紀念，大學老師教給學生的是生存技能，所有知識都是社會生活中用得上的，而對自己好的老師，則是用愛心去關懷、鼓勵學生。

這樣的想法固然不錯，但是，為什麼那麼多人忘了幼稚園、小學、中學的老師呢？

其實，最不容易的，也是最不應該忘的老師，就是小時候的老師。那時的孩子不懂事，他們要付出的心血不是教知識，而是教做人、教生活。

如果沒有小時候的老師，一個人是沒辦法養成好的生活和學習習慣的，他們告訴孩子們，要團結、要遵守紀律、要樂於幫助人、要有愛國心、要有對知識的渴望……這些東西，哪樣不是影響了一個人的一生？

我們最不該忘的就是兒時的老師，如果沒有他們，我們不會懂得尊重、友愛、感恩，兒時的老師就像是人生導師一樣，引領我們走入了信仰，這信仰不一定是宗教信仰，但是對人生的正確認識，對自己的正確評價和做人做事的觀念、方法，這不就是信仰嗎？

一日為師，終身為師。這就是要我們永遠不要忘了老師的教導。有些教導，是要我們一輩子去學習的。比如幼稚園的老師教導孩子們不要說謊、學會堅強、自己的事自己做，小學的老師教導我們尊重他人、尊重自己……這些道理，世人學一輩子，也未必學得會。

終身為師，就是讓老師永遠在自己的身邊，時常想想他們的教誨。我想，這才是老師的價值，也是對老師的尊重。

別忘了他們，就要時刻按照他們的教誨去做。

朋友的話，你記得多少？

家鄉的朋友多吉次旦來進修，他是我們當地學校的老師。我們很多年不見了，一年中也通不上幾次話。見到他時，我心裡十分高興。

幫助他簡單地安頓好之後，我們就在他的住處聊了起來。我們聊了很久，最後看他實在是很累了，我就告辭出來，約定好改日他來我的辦公室作客。

我發現，我們聊的內容，是和後認識的朋友不一樣的。在我學法之後認識的朋友，有聊最近的情況的，有探討社會生活的，所說的內容都是當下的東西；而和多吉聊天的內容，很多是回憶，是當年我們在一起時的事情，還有我們分別之後的依依離別之情。

和現在的朋友說事，和老朋友敘情。這可能就是兩者的區別。

朋友是什麼呢？我曾問過很多人，他們的答案千差萬別，但都不能讓我滿意。

這樣說吧，一個現世的人，前半輩子是父母陪著走的，後半輩子是婚姻伴侶和子女陪著走的，可是，兩方面又有哪一個是長久的？有的人父母早亡，有的人婚姻失敗，沒有誰能保證可以陪你一輩子。只有兄弟和朋友才可以無怨無悔地走一輩子，而且不管你做錯什麼，他們都在你的身邊。當然，我說的朋友，可不是點頭之交。

朋友可以分別很久，但當年在一起時做的事，說的話，是我們不能忘的。因為他們說的話，是人類最寶貴的情感。想一想，父母的教誨是對子女的希望，這種希望是一種寄託，而朋友的話，是沒有任何血緣關係的人的善意的教導，沒有父母那樣的希望，而是平等和尊重基礎上的心靈對話。如果人世間的每個人都能這樣的交流，我們的世界將會怎麼樣？

世俗人生中，每個人都會在各個年齡階段結交不同的朋友，也在不同的時段丟失了很多的朋友，有的是再也聯繫不上，有的是天各一方。但是，我們要時刻記得朋友在一起時給自己的建議，更要記得他對人生的態度、認識，即使你當時不能認同，過幾年想一想，多半是很有益處的。

有的時候，我們都會突然想起來，當年朋友說的一句話，到現在還非常有用，這不是那個朋友有多聰明，而是太多的人不知道記得朋友的話，他們的話，是一顆心靈在向我們敞開，是另一個世界。我們不走進去，就遺失了一種美好。

至於朋友對自己的批評，更要時常記在心上，那是來自另一個世界的評價。雖然我們暫時還不能認同，甚至有的人為此和朋友反目，但是即使再也不聯繫，也一定要記得他的話。這些批評的話，早晚是我們認識自己的一個最有效的途徑。

所以，我是很尊重朋友的，我們藏族人更是尊重朋友的，我們在朋友的身上，看到了佛法的真諦。

PART. 5 附錄

【附錄二】

《大乘無量壽經・發大誓願第六》

法藏白言。唯願世尊。大慈聽察。

我若證得無上菩提。成正覺已。所居佛刹。具足無量不可思議功德莊嚴。無有地獄。餓鬼。禽獸。蜎飛蠕動之類。所有一切眾生。以及焰摩羅界。三惡道中。來生我刹。受我法化。悉成阿耨多羅三藐三菩提。不復更墮惡趣。得是願。乃作佛。不得是願。不取無上正覺。

我作佛時。十方世界。所有眾生。令生我刹。皆具紫磨真金色身。三十二種。大丈夫相。端正淨潔。悉同一類。若形貌差別。有好醜者。不取正覺。

我作佛時。所有眾生。生我國者。自知無量劫時宿命。所作善惡。皆能洞視。徹聽。知十方去來現在之事。不得是願。不取正覺。

我作佛時。所有眾生。生我國者。皆得他心智通。若不悉知億那由他百千佛刹。眾生心念者。不取正覺。

我作佛時。所有眾生。生我國者。皆得神通自在。波羅蜜多。於一念頃。不能超過億那由他百千佛刹。周遍巡歷供養諸佛者。不取正覺。

我作佛時。所有眾生。生我國者。遠離分別。諸根寂靜。若不決定成等正覺。證大涅槃者。不取正覺。

我作佛時。光明無量。普照十方。絕勝諸佛。勝於日月之明。千萬億倍。若有眾生。見我光明。照觸其身。莫不安樂。慈心作善。來生我國。若不爾者。不取正覺。

我作佛時。壽命無量。國中聲聞天人無數。壽命亦皆無量。假令三千大千世界眾生。悉成緣覺。於百千劫。悉共計校。若能知其量數者。不取正覺。

我作佛時。十方世界無量刹中。無數諸佛。若不共稱歎我名。說我功德國土之善者。不取正覺。

我作佛時。十方眾生。聞我名號。至心信樂。所有善根。心心回向。願生我國。乃至十念。若不生者。不取正覺。唯除五逆。誹謗正法。

我作佛時。十方眾生。聞我名號。發菩提心。修諸功德。奉行六波羅蜜。堅固不退。復以善根回向。願生我國。一心念我。晝夜不斷。臨壽終時。我與諸菩薩眾。迎現其前。經須臾間。即生我剎。作阿惟越致菩薩。不得是願。不取正覺。

我作佛時。十方眾生。聞我名號。繫念我國。發菩提心。堅固不退。植眾德本。至心回向。欲生極樂。無不遂者。若有宿惡。聞我名字。即自悔過。為道作善。便持經戒。願生我剎。命終不復更三惡道。即生我國。若不爾者。不取正覺。

我作佛時。國無婦女。若有女人。聞我名字。得清淨信。發菩提心。厭患女身。願生我國。命終即化男子。來我剎土。十方世界諸眾生類。生我國者。皆於七寶池蓮華中化生。若不爾者。不取正覺。

我作佛時。十方眾生。聞我名字。歡喜信樂。禮拜歸命。以清淨心。修菩薩行。諸天世人。莫不致敬。若聞我名。壽終之後。生尊貴家。諸根無缺。常修殊勝梵行。若不爾者。不取正覺。

我作佛時。國中無不善名。所有眾生。生我國者。皆同一心。住於定聚。永離熱惱。心得清涼。所受快樂。猶如漏盡比丘。若起想念。貪計身者。不取正覺。

我作佛時。生我國者。善根無量。皆得金剛那羅延身。堅固之力。身頂皆有光明照耀。成就一切智慧。獲得無邊辯才。善談諸法秘要。說經行道。語如鐘聲。若不爾者。不取正覺。

我作佛時。所有眾生。生我國者。究竟必至一生補處。除起本願為眾生故。被弘誓鎧。教化一切有情。皆發信心。修菩提行。行普賢道。雖生他方世界。永離惡趣。或樂說法。或樂聽法。或現神足。隨意修習。無不圓滿。若不爾者。不取正覺。

我作佛時。生我國者。所須飲食。衣服。種種供具。隨意即至。無不滿願。十方諸佛。應念受其供養。若不爾者。不取正覺。

我作佛時。國中萬物。嚴淨。光麗。形色殊特。窮微極妙。無能稱量。其諸眾生。雖具天眼。有能辨其形色。光相。名數。及總宣說者。不取正覺。

我作佛時。國中無量色樹。高或百千由句。道場樹高。四百萬里。諸菩薩中。雖有善根劣者。亦能了知。欲見諸佛淨國莊嚴。悉於寶樹間見。猶如明鏡。睹其面像。若不爾者。不取正覺。

我作佛時。所居佛刹。廣博嚴淨。光瑩如鏡。徹照十方無量無數。不可思議。諸佛世界。眾生睹者。生希有心。若不爾者。不取正覺。

我作佛時。下從地際。上至虛空。宮殿。樓觀。池流。華樹。國土所有一切萬物。皆以無量寶香合成。其香普熏十方世界。眾生聞者。皆修佛行。若不爾者。不取正覺。

我作佛時。十方佛剎諸菩薩眾。聞我名已。皆悉逮得清淨。解脫。普等三昧。諸深總持。住三摩地。至於成佛。定中常供無量無邊一切諸佛。不失定意。若不爾者。不取正覺。

我作佛時。他方世界諸菩薩眾。聞我名者。證離生法。獲陀羅尼。清淨歡喜。得平等住。修菩薩行。具足德本。應時不獲一二三忍。于諸佛法。不能現證不退轉者。不取正覺。

【附錄二】

阿彌陀佛

阿彌陀佛是西方淨土極樂世界的教主。他影響深遠，被譽為僅次於釋迦牟尼佛的第二大佛。

《觀無量壽經》中說，阿彌陀佛成佛前是古印度的一位王子，其父親名月上轉輪聖王，母親名殊勝妙顏夫人，後來，王子繼承了王位，成為新國王。

當時住世的是錠光佛之後的第五十三佛——世自在王佛。一次，王子聽了世自在王佛說法，深感人生多苦，而學佛法修三學，才是獲得解脫的良方。他經過深刻思慮，終於做出決定捨棄王位，出家修道，取法名法藏。

法藏出家之後，勤修戒定慧三學，經過無數劫難，終於修得正等正覺而成佛陀——阿彌陀佛。

阿彌陀佛有十三個名號，在顯宗裡，最主要的是無量壽、無量光兩名。密宗裡有無量壽佛、無量光佛、甘露王佛等名號。

在藏傳佛教中，阿彌陀佛為『長壽三尊』之一，能增長眾生的壽命、福德和智慧，避免非時而死等災難。

【附錄三】

阿彌陀佛四十八願

《無量壽經》中說：『過去久遠，錠光如來出世，如是次第出世五十三佛，名世自在王佛。有一國王聞佛說法，心懷悅豫，棄國捐王為沙門，號法藏。』這講的是阿彌陀佛在成佛前作為古印度一位國王，聞聽世自在王佛說法後，剃度出家的故事。

法藏在佛前對佛說：『我發無上菩薩心願，廣演經法，我當修行取清淨妙土，使我成正覺。』法藏不但求得自我解脫，還立志要改變受苦難眾生的境遇，於佛前建立了四十八個願望。其中，第十八願『念佛往生願』是其核心。

法藏為實現四十八願，經歷漫漫累世修鍊，終於如願以償，『爾時大千感動，天雨妙華，空中有聲贊言，決定必成無上正覺。於是法藏於不可思議兆載永劫積集無量德行，其願遂滿足成正覺，號無量壽佛，其世界名安樂。』無量壽佛由佛凡歷十劫，終於成為西方極樂世界教主，他以無量之光明、無量之壽命，仍在那裡說法，為普度芸芸眾生，為實踐他的願望而傾其全力，其言行感天動地。

【附錄四】

關於藏傳佛教

佛教、基督教、伊斯蘭教並稱為世界三大宗教，世界佛教分漢語系佛教、藏語系佛教和巴利語系佛教。漢語系佛教又稱北傳佛教，於西元前二世紀（西漢哀帝元壽元年）傳入我國內地，魏晉南北朝時得以發展。

傳入地區有中國大部分地區、朝鮮、韓國、日本、越南等國，以大乘佛教為主。藏語佛教為北傳佛教中的藏傳佛教，七世紀傳入藏、川、青、甘、滇五個藏區，以後流行至內蒙古、蒙古、前蘇聯西伯利亞地區，其經典為藏文系統。巴利語系佛教又稱為南傳佛教，十三世紀以後才傳入今斯里蘭卡、緬甸、泰國、柬埔寨、寮國以及中國雲南的傣族地區，以小乘佛教為主，其經典為巴利文系統。

藏傳佛教又稱西藏佛教。一般認為，佛教大規模傳入吐蕃，應該是在七世紀上半葉松贊干布時期。松贊干布與尼泊爾赤尊公主和唐朝的文成公主聯姻，兩人都從各自的家鄉帶來了一尊佛像，這一史實也表明了佛教是在松贊干布時期從唐朝和尼泊爾兩個方向傳入西藏的，著名的拉薩大昭寺、小昭寺（『昭』就是佛的意思），就是那個時期分別由兩位公主主持修建的。

佛教在西藏分前弘期和後弘期，經歷了一個傳承上的複雜過程，出現了幾次興佛和滅佛的歷程，到十世紀後半期終於形成了藏傳佛教。

藏傳佛教在法嗣承續上，強調師徒相傳，尊師如佛，尤重對喇嘛（上師）的崇拜。因不同的師承、不同的修持方法等，形成了眾多的教派，主要有寧瑪、噶當、薩迦、噶舉、格魯等派。

關於噶舉派

『噶』指師長的言教，『舉』意為傳承，『噶舉』的意思就是師徒相承、口頭傳授、耳聽心會。該派僧人都穿白色僧衣，所以俗稱白教。該派於十一世紀中葉陸續形成，是藏傳佛教中支派最多的一個教派，有四大支八小支之說。

噶舉派有兩大傳承系統，一是香巴噶舉，二是塔步噶舉。二者在印度同源，傳到西藏後，因傳播地區不同，規模和勢力也不相同。瓊布南傑創立的香巴噶舉後來勢力衰弱。

塔布噶舉是由瑪爾巴、米拉日巴、塔布拉傑（一〇七九—一一五三年）一系傳下來的，以後塔布拉傑的四個門徒創建了塔布噶舉的四大支派，即噶瑪噶舉、蔡巴噶舉、拔戎噶舉、帕竹噶舉。帕竹噶舉下有八個支派，即止貢噶舉、達壠噶舉、主巴噶舉、雅桑噶舉、綽浦噶舉、修賽噶舉、葉巴噶舉和瑪爾倉噶舉。本書的作者盛噶仁波切就是止貢噶舉的轉世靈童。

噶舉派有四個特點：一是分佈廣，西起阿裡，東至康區，全國藏族地區均有它的分佈。二是派系多。三是實力強，對西藏的政治、宗教產生過重大的影響。四是在教法上，雖是密宗，但其顯宗也有一定地位。

國家圖書館出版品預行編目資料

誰挑動我的靈魂/盛噶仁波切(吉祥)著. --初版.--臺北市
: 平安文化, 2007[民96]
面 ; 公分. -- (平安叢書 ; 第299種 ; 藍色的心 ; 02)

ISBN 978-957-803-631-4(平裝)

224.517　　96005089.

平安叢書第299種
藍色的心 02
誰挑動我的靈魂

作　　者—盛噶仁波切(吉祥)
發 行 人—平雲
出版發行—平安文化有限公司
台北市敦化北路120巷50號　電話◎02-27168888
郵撥帳號◎18420815號
香港星馬—皇冠出版社(香港)有限公司
總 代 理　香港灣仔告士打道88號19樓
電話◎2529-1778　傳真◎2527-0904
出版統籌—盧春旭
編務統籌—孟繁珍
美術設計—陳韋宏
行銷企劃—高慧珊
印　　務—林莉莉
校　　對—黃素芬・鮑秀珍・孟繁珍
著作完成日期—2006年
初版一刷日期—2007年4月

法律顧問—王惠光律師

讀者服務傳真專線◎02-27150507
皇冠文化集團網址◎www.crown.com.tw
電腦編號◎666002　ISBN◎978-957-803-631-4
Printed in Taiwan
本書定價◎新台幣360元/港幣120元

善待自己，善待和你相識相遇的眾生，今世的善緣才會成為你的福報！

——盛噶仁波切

張智銘◎攝影　©平安文化有限公司 非賣品

慈悲是世界上最大的加持，只有慈悲能讓我們放下煩惱！

——盛噶仁波切

張智銘◎攝影　©平安文化有限公司 非賣品